WOHNUNGSPOLITIK

FÜR MORGEN

WÜSTENROT STIFTUNG
DEUTSCHER EIGENHEIMVEREIN E.V.
LUDWIGSBURG

FORUMSGESPRÄCH DER WÜSTENROT STIFTUNG 1991

WOHNUNGSPOLITIK

FÜR MORGEN

MIT BEITRÄGEN VON

REINHARD ALTENMÜLLER
PETER CONRADI
PETER DÜRR
BURKHARD FICHTNER
PETER GÖTZ
WERNER HAUSER
WALTER HITSCHLER
LOTHAR HÜBL
MICHAEL JUNGBLUT
KARL LANG
BERND VON MONSCHAW
OTTO SCHÄFER
HELMUT SCHLICH
HANS-K. SCHNEIDER
DIETER VOGEL
CHRISTOPH WOCHER

DEUTSCHE VERLAGS-ANSTALT STUTTGART

Die Deutsche Bibliothek – CIP-Einheitsaufnahme

Wohnungspolitik für morgen: Forschungsgespräch der Wüstenrot-Stiftung 1991 / mit Beitr. von Reinhard Altenmüller ... – Stuttgart: Deutsche Verlags-Anstalt, 1992
ISBN 3-421-03201-7
NE: Altenmüller, Reinhard; Wüstenrot-Stiftung

© 1992 Wüstenrot Stiftung Deutscher Eigenheimverein e.V., Ludwigsburg
und Deutsche Verlags-Anstalt GmbH, Stuttgart
Alle Rechte vorbehalten
Satz: Steffen Hahn FotoSatzEtc., Kornwestheim
Druck und Bindung: W. Röck, Weinsberg
Das Papier dieses Buches ist aus chlorfrei gebleichtem Zellstoff hergestellt;
es ist säurefrei und alterungsbeständig.
Printed in Germany
ISBN 3-421-03201-7

INHALT

FORUMSGESPRÄCH DER WÜSTENROT STIFTUNG 1991 7

BEGRÜSSUNGSREDE (Dr. Christoph Wocher) 9
GRUNDFRAGEN DER WOHNUNGSVERSORGUNG
(Prof. Dr. Hans-K. Schneider) 13

BEVÖLKERUNGSENTWICKLUNG, WOHNUNGSPRÄFERENZEN UND
WOHNUNGSBEDARF – PERSPEKTIVEN FÜR DIE
NEUNZIGER JAHRE (Prof. Dr. Lothar Hübl) 23

KONZEPTIONELLE ÜBERLEGUNGEN ZUR WOHNUNGSBAUPOLITIK
AUS DER SICHT EINES LANDES
(Ministerialrat Dr. Reinhard Altenmüller, Baden-Württemberg) 35

ALLGEMEINE AUSSPRACHE ZUR WOHNUNGSPOLITIK IN DER
12. LEGISLATURPERIODE
Referate:
Dr. Karl Lang 48
Dipl.-Kfm. Helmut Schlich 51
Oberbürgermeister a. D. Werner Hauser 58
Dr. Otto Schäfer 64
Diskussionsbeiträge:
Dr. Dieter Vogel 68
Dr. Peter Conradi 70
Werner Hauser 70
Prof. Dr. Hans-K. Schneider 70
Dr. Karl Lang 71
Werner Hauser 71
Helmut Schlich 72
Prof. Dr. Hans-K. Schneider 73
Burkhard Fichtner 74

DIE PARTEIEN UND DIE WOHNUNGSPOLITIK FÜR MORGEN –
EIN PODIUMSGESPRÄCH (Diskussionsleiter: Michael Jungblut) 77

AUTORENVERZEICHNIS 97

VORWORT

FORUMSGESPRÄCH DER WÜSTENROT STIFTUNG 1991

Die Veröffentlichung des Forumsgespräches 1991 der Wüstenrot Stiftung Deutscher Eigenheimverein e.V. ist der erste Band einer Schriftenreihe, in der zukünftig regelmäßig über die Ergebnisse der von der Wüstenrot Stiftung durchgeführten oder in Auftrag gegebenen Forschungsprojekte berichtet wird. Die Wüstenrot Stiftung verfolgt in ihrer Arbeit das Ziel, aktuelle Themen von öffentlichem Interesse fachübergreifend, praxisorientiert und anwendungsbezogen aufzugreifen und die Ergebnisse dieser Projekte der Öffentlichkeit zur Verfügung zu stellen.

Unter dem Titel »Wohnungspolitik für morgen« hat sich die Wüstenrot Stiftung in ihrem ersten Forumsgespräch am 27. Juni 1991 in Ludwigsburg eines ebenso aktuellen wie heftig diskutierten Themas angenommen. Die Entwicklungen des Wohnungsmarktes in den letzten Jahren und die öffentliche Diskussion darüber könnten den Eindruck erwecken, es handele sich dabei um ein Thema, das vorrangig Auguren beschäftigen müßte. Die Pragmatiker und Theoretiker, die sich statt dessen auf Einladung der Wüstenrot Stiftung an diesem Forumsgespräch beteiligten, haben zwar nicht die Gabe, die Zukunft vorhersagen zu können, verfügen aber über eine lange und intensive Erfahrung im Wohnungsbau und der Wohnungsbaupolitik. Sie repräsentieren teilweise ganz unterschiedliche Standpunkte und können deshalb ein differenziertes Bild der Wohnungspolitik von morgen entwerfen. Standardlösungen mit dem Anspruch der Alleingültigkeit sind von einem derartigen Gremium nicht zu erwarten, aber solche kann es auch nicht geben. Die trotz aller Gegensätze in diesem Gespräch erkennbaren Übereinstimmungen sind als Ergebnis der konstruktiven Auseinandersetzung unterschiedlicher Auffassungen wichtiger zu bewerten als vorgefaßte Meinungen. Sie sind zugleich eine Bestätigung für die Notwendigkeit gemeinsamer Diskussion und eine Herausforderung für die noch folgenden Forumsgespräche.

Die Wüstenrot Stiftung hofft, daß die Veröffentlichung von Verlauf und Ergebnissen des ersten Forumsgesprächs in dem vorliegenden Band dazu dienen wird, die Anregungen und Argumente der engagierten gemeinsamen Suche von Vertretern verschiedener Institutionen und Fachrichtungen nach der Konzeption der Wohnungspolitik für morgen festzuhalten. Die Redebeiträge wurden hierfür weitgehend unverändert übernommen: Gesprochene Sprache ist eine andere als geschriebene Sprache, und sie ist für eine der Lebendigkeit dieser kontroversen, aber konstruktiven Diskussion angemessene Darstellung nicht zu ersetzen.

Die Wüstenrot Stiftung Deutscher Eigenheimverein e.V. hat ihre Arbeit 1990 aufgenommen. Der Gründungsverein, aus dem 1924 die erste Bausparkasse »GdF Wüstenrot« hervorgegangen ist, wurde 1921 als »Gemeinschaft der Freunde« von dem Schriftsteller Georg Kropp ins Leben gerufen. Seit 1927 trägt der Verein den Namen »Deutscher Eigenheimverein«. Er versteht sich heute wie gestern als Wahrer des sozialen Ideengutes der Gründergeneration. Die Wüstenrot Stiftung ist eine konzeptionell arbeitende Stiftung. Im Rahmen der Satzungszwecke und der gesetzlich vorgegebenen Förderungsprinzipien der Gemeinnützigkeit wird

eine aktive Stiftungspolitik betreiben. Dies wird insbesondere durch folgende Maßnahmen verwirklicht:
- Durchführung wissenschaftlicher Veranstaltungen,
- Wissenschaftliche Forschungsvorhaben und Vergabe von Forschungsaufträgen,
- Erstellung und Einholung von Forschungsgutachten,
- Durchführung von Bildungsveranstaltungen,
- Erhaltung und Pflege von Kulturwerten,
- Unterhaltung von Hochschullehrstühlen oder Forschungsinstitutionen.

Die Stiftung hat sich zum Ziel gesetzt, wirkungsvolle Leistungsbeiträge in die wohnungswirtschaftliche, wissenschaftliche und sozialpolitische Forschung und Bildung einzubringen und der öffentlichen Diskussion durch kompetente und exemplarische Problemlösungen Anstöße zu geben. Sie fördert hierzu vornehmlich Projekte mit hoher Anwendungsorientierung.

Der vorliegende Band stellt den Beginn einer Schriftenreihe dar, die sich in ihren weiteren Veröffentlichungen auch mit anderen Problemen und Fragestellungen auseinandersetzen wird. Die Wüstenrot Stiftung wird sich aber des Themas Wohnungspolitik auch in Zukunft annehmen und die begonnene Diskussion fortführen.

DR. CHRISTOPH WOCHER
BEGRÜSSUNGSREDE

Meine Herren Bundestagsabgeordneten und Landtagsabgeordneten,
meine Herren Oberbürgermeister und Bürgermeister,
meine sehr verehrten Damen,
meine Herren,
liebe Gäste!

Im Namen der Wüstenrot Stiftung Deutscher Eigenheimverein habe ich die Ehre, Sie zu dem Symposium »Wohnungspolitik für morgen« zu begrüßen. Ich freue mich sehr, daß Sie unserer Einladung gefolgt sind. Es ist nicht nur das erste Forumsgespräch der Wüstenrot Stiftung, das uns heute hier zusammenführt, sondern der erste öffentliche Auftritt der Wüstenrot Stiftung überhaupt, seit sie Ende vergangenen Jahres ihre Arbeit aufgenommen hat. Die Wüstenrot Stiftung ist aus dem Deutschen Eigenheimverein hervorgegangen, der 1921 in Wüstenrot die Keimzelle für die erste deutsche Bausparkasse bildete. Seitdem ist der gemeinnützige Verein nicht nur Wahrer des sozialen Ideengutes der Gründergeneration, sondern auch ein bestimmendes Element für die wirtschaftliche Entwicklung der Wüstenrot-Unternehmen gewesen. Im Zuge der Umstrukturierung der Wüstenrot-Gruppe hat die Wüstenrot Stiftung den Auftrag, im Rahmen ihrer gemeinnützigen Zwecke wissenschaftliche Aufgaben und hier insbesondere auf wohnungswirtschaftlichem Gebiet zu verfolgen. Die Wüstenrot Holding, deren alleiniger Gesellschafter die Wüstenrot Stiftung ist, dotiert die Stiftung aus ihrem Jahresüberschuß.

Die Stiftung hat inzwischen eine Reihe von Forschungsaufträgen erteilt und in ihrem Bestreben, operativ ein langfristiges Konzept zu verwirklichen, Themenschwerpunkte gebildet, die dem Ziel dienen, sachgerechte und wirkungsvolle Leistungsbeiträge in die wohnungswirtschaftliche Diskussion einzubringen. Das Symposium, das wir heute abhalten, soll ein erster wichtiger Schritt dazu sein.

Daß dieses für die Stiftung bedeutsame Ereignis durch die Anwesenheit so vieler namhafter Persönlichkeiten aus Wirtschaft und Politik einen besonderen Akzent erhält, ist für mich Anlaß, Ihnen allen ganz herzlich dafür zu danken, daß Sie gekommen sind. Ich wünsche mir, daß dieser Tag für uns alle, für Sie und für uns, interessant und lehrreich wird, und wenn ich in die Runde schaue und die Herren vor mir sehe, die sich liebenswürdigerweise bereit erklärt haben, heute als Referenten, Sprecher oder Diskutanten mitzuwirken, dann bin ich sicher, daß dieser Wunsch in Erfüllung gehen wird. Ich darf Sie, meine Herren Referenten, besonders herzlich begrüßen und Ihnen ein Auditorium präsentieren, das selbst durch exquisite Sachkunde ausgewiesen ist. Die Wüstenrot Stiftung betrachtet es als eine Auszeichnung, Sie alle willkommen heißen zu dürfen, an der Spitze die Damen und Herren Abgeordneten des Bundestags und des Landtags, die Herren Oberbürgermeister und Bürgermeister, die Vertreter der Wohnungsunternehmen und Verbände, nicht zuletzt die Mitglieder des Deutschen Eigenheimvereins, der ja der Träger der Stiftung ist.

BEGRÜSSUNGSREDE

Meine sehr verehrten Damen und Herren, »Wohnungspolitik für morgen« ist das Thema unseres Symposiums – ein höchst anspruchsvolles Thema, wie man zugeben muß.
Wir selbst sehen unsere Veranstaltung als den Versuch, eine Diskussionsplattform zur Orientierung zu bieten. Woher weht der Wind in der deutschen Wohnungspolitik? Es mag hin und wieder im Wirtschaftsleben nützlich sein, nach Pfadfinderart den angefeuchteten Zeigefinger in die Luft zu halten, um dies herauszufinden. Aber schon Seneca hat gesagt: »Wenn ein Seemann nicht weiß, welches Ufer er ansteuern muß, dann ist kein Wind der richtige.« Auf unsere gegenwärtige und künftige Wohnungspolitik bezogen heißt dies, daß Kurs- und Windrichtung optimal stimmen müssen, wenn wir mit den Herausforderungen fertig werden wollen, die uns jetzt gestellt sind.
Die Themenstellungen der Referate des heutigen Vormittags machen deutlich, worum es geht. Während sich Herr Professor Dr. Schneider aus der Sicht des Vorsitzenden des Sachverständigenrats zur Begutachtung der gesamtwirtschaftlichen Entwicklung mit den Grundfragen der Wohnungsversorgung befassen wird, geht es bei Herrn Professor Dr. Hübl schwerpunktmäßig um die Veränderungen des Wohnungsmarktes und bei Herrn Ministerialdirektor Dr. Vogel um die Frage, wie sich die gegenwärtige und künftige Wohnungspolitik aus der Sicht eines Landes darstellt. Über die schwierige Situation an den Wohnungsmärkten in der Bundesrepublik dürfte es dabei keinen Dissens geben. Wir haben davon auszugehen, daß das Wohnungsdefizit Anfang 1991 auch bei vorsichtiger Schätzung mehr als eine Million Wohnungen betragen hat. Zurückzuführen ist diese kritische Situation nicht zuletzt auf die seit 1988 sprunghaft gestiegenen Zuwandererzahlen; doch darf auch nicht übersehen werden, daß sich die Struktur der Wohnungsnachfrage schon in den siebziger Jahren einschneidend verändert hat.
So verschob sich damals das Schwergewicht der Wohnungsbauinvestitionen; einem Rückgang der Neubautätigkeit stand eine zumindest relative Verstärkung der Modernisierungstätigkeit gegenüber. Käufe aus dem Bestand und Bestandsinvestitionen lagen Mitte der achtziger Jahre über dem Investitionsvolumen für den Wohnungsneubau. Noch ausgeprägter war die Verlagerung der Wohnungsfinanzierung auf die privaten Haushalte.
Hand in Hand damit kam es auch zu Veränderungen in den Nachfragepräferenzen der einheimischen Bevölkerung. Besonders die gut verdienende Mittelschicht, die Single- und die kinderlosen Doppelverdiener-Haushalte stimulierten die Nachfrage nach qualitativ anspruchsvollem Wohnraum insbesondere in den Städten und Ballungsgebieten.
Wenn man die wohlstandsbedingte Pro-Kopf-Wohnflächen-Ausweitung bei einer Einwohnerzahl von etwa 63 Millionen in den Ländern der alten Bundesrepublik mit über 30 Millionen Quadratmeter Wohnfläche pro anno zugrunde legt, müßten dementsprechend 300 000 Wohnungen zu 100 Quadratmeter jährlich neu gebaut werden. Über die Bevölkerungsentwicklung als Nachfrageeffekt darf spekuliert werden, doch kommen renommierte Forschungsinstitute zu sehr ähnlichen Ergebnissen und Szenarien. Das Deutsche Institut für Wirtschaftsforschung in Berlin prognostiziert für die neunziger Jahre ein Anwachsen der Bevölkerung im alten Bundesgebiet von 63 auf 66 Millionen Menschen, wobei die Zahl poten-

tieller Aussiedler und Asylanten angesichts der politischen Veränderungen in Ost-Europa bei all diesen Voraussagen einen großen Unsicherheitsfaktor darstellt. Wir müssen wohl davon ausgehen, daß Millionen Menschen in den Krisenregionen auf ihren gepackten Koffern sitzen und uns, wenn sie in die Bundesrepublik zuwandern sollten, vor beträchtliche soziale Probleme stellen, von denen die Wohnraumbeschaffung mit Sicherheit eines der größten sein wird.

Dabei sind die Probleme, die uns aus der Situation in den neuen Bundesländern erwachsen, noch nicht berücksichtigt.

Zur Zeit sind die Wohnungsmärkte in beiden Teilen Deutschlands noch völlig unterschiedlich organisiert. Die Wohnungspolitik steht vor der Aufgabe, die Rahmenbedingungen in einem Übergangsprozeß einander anzugleichen, so daß im Laufe der nächsten Jahre die Teilung der Märkte aufgelockert wird.

Im bisherigen Gebiet der Bundesrepublik ist der Wohnungsmarkt in starkem Maße durch die Verkoppelung mit der Vermögensbildung privater Haushalte geprägt worden.

In der »Entstaatlichung« des Wohnungsbestands der ehemaligen DDR ist daher ein vorrangiges Ziel zu sehen. Dahinter steht auch die Sorge, daß es schon aus finanziellen Gründen nicht möglich sein wird, den ehemals volkseigenen, jetzt kommunalen Wohnungsbestand auf Dauer als Sozialwohnungen zu erhalten. Unsere Wohnungspolitik jedenfalls ist insgesamt gefordert, der ostdeutschen Wohnungswirtschaft, einschließlich der privaten Vermieter, einen Weg zum Übergang in die Marktwirtschaft zu eröffnen und die Chancen zur Wohnungseigentumsbildung zu verbessern.

Die Probleme der Wohnungspolitik in der ehemaligen DDR sind nicht Thema unserer heutigen Gespräche, doch wissen wir alle, daß deren Lösung aufs engste mit der Art und Weise zusammenhängt, mit der wir in den alten Bundesländern die vor uns liegenden Aufgaben bewältigen. In die politische Diskussion über die zweifellos notwendigen milliardenschweren Förderprogramme muß das Erfahrungsgut eingebracht werden, das wir hier in Westdeutschland in den vergangenen vierzig Jahren erworben haben und das wesentlich von privater Initiative und von der Vermögensbildung privater Haushalte geprägt worden ist.

Wohnungseigentumsbildung, insbesondere in den Ballungsgebieten, ist geeignet, den Druck auf den Mietwohnungsbestand zu verringern. Das Immobilienvermögen als wichtigster Vermögensbestandteil für die privaten Haushalte darf in seiner Bedeutung nicht geschmälert werden. Politische Zielsetzungen sind in aller Regel das Ergebnis aus der Einschätzung der verschiedensten gesellschaftlichen Interessen und einer daran orientierten Willensbildung und Handlungsabsicht. In der deutschen Politik lautet seit vielen Jahren eine Zielsetzung: »Erhöhung der Wohneigentumsquote«. Dafür gibt es gute sozialpolitische Gründe. Ich denke, daß wir vor dem Hintergrund der Belastungen, mit denen sich die öffentlichen Haushalte konfrontiert sehen, die vor uns liegenden Probleme der Wohnungspolitik nur lösen können, wenn es gelingt, noch stärker als bisher die private Initiative für die notwendige Ausweitung der Neubautätigkeit zu mobilisieren. Auch darüber wird heute zu sprechen sein, wenn es um die Lösungsansätze für die Probleme der »Wohnungspolitik für morgen« geht.

BEGRÜSSUNGSREDE

Wir dürfen gespannt sein, ob der erste Referent unserer Veranstaltung, Herr Professor Dr. Schneider, dazu Stellung nehmen wird. Ich freue mich, Herrn Professor Dr. Schneider nicht nur als Vorsitzenden des Sachverständigenrats zur Begutachtung der gesamtwirtschaftlichen Entwicklung und somit als Fachautorität ersten Ranges begrüßen zu dürfen, sondern auch als meinen Kollegen im Vorstand der Wüstenrot Stiftung. Herr Professor Dr. Schneider, darf ich Sie um Ihr Wort bitten!

PROFESSOR DR. HANS-K. SCHNEIDER
GRUNDFRAGEN DER WOHNUNGSVERSORGUNG

Meine sehr verehrten Herren Abgeordneten,
sehr geehrte Damen und Herren!
In einer Zeit des Umbruchs, wie heute, steht die Politik immer unter erhöhtem Handlungsdruck. Das wirtschaftliche und soziale Zusammenwachsen der beiden Teile Deutschlands, die über viereinhalb Jahrzehnte völlig getrennte Wege gingen, fordert die Politik in den kommenden Jahren in einem ganz ungewöhnlichen Maße, das weit über die damalige Aufgabe des Aufbaus West hinausgeht.

Das Abfangen der wirtschaftlichen Talfahrt und das Ingangsetzen des Aufschwungs Ost sowie dessen soziale Flankierung erfordern einen riesigen Mitteleinsatz. Aufzubringen ist er im Westen. Brutto werden es in diesem Jahre 140 bis 150 Milliarden sein, und netto – nach Gegenrechnung der Steuerabführung an den Bund und der Abführung von Sozialbeiträgen – immer noch weit mehr als 100 Milliarden DM. Ein wohnungspolitisches Referat hat sich nicht damit auseinanderzusetzen, was in Ostdeutschland alles zu geschehen hat, um die Finanzinfusion durch Begrenzung der Ansprüche und Stärkung der eigenen Wirtschaftskraft allmählich zurückzuführen. Doch muß auch die Wohnungspolitik sich die Sorge zu eigen machen, daß sie die Last für Steuerzahler und Kreditnehmer nicht noch schwerer macht. Die Bremsspuren des hohen Zinses sehen wir schon beim Bau, beim Eigenheimbau sogar sehr deutlich; und die Bremswirkung einer Überforderung des Steuerzahlers, zu der auch eine auf höhere Staatshilfen drängende Wohnungspolitik beitrüge, bekämen wir alle zu spüren: als Abschwächung unserer wirtschaftlichen Leistungskraft und als daraus folgende schwächere Einkommensentwicklung.

Mit der Wiedervereinigung ist der Wohnungspolitik in den neuen Ländern eine Riesenaufgabe zugewachsen: die Erneuerung des vom Sozialismus heruntergewirtschafteten Wohnungsangebots durch Sanierung, Modernisierung und Neubau von Wohnungen. Die wohnungspolitische Aufgabe in den neuen Ländern darf nicht mit dem Argument hinausgeschoben werden, der Sanierung und Schaffung von Arbeitsplätzen in Industrie und Dienstleistungen gebühre Vorrang. Das wäre kurzsichtig und kontraproduktiv, und es wäre zudem unnötig. Es wäre kurzsichtig und kontraproduktiv zum einen, weil die Erneuerung des Wohnungsbestandes gleichzeitig und gleichrangig mit der Investition in Arbeitsplätze erfolgen muß; denn gutes Wohnen ist kein entbehrlicher Konsumluxus, sondern Element eines guten Wirtschaftsstandorts. Es wäre zum andern auch deshalb kontraproduktiv, weil der Wohnungsbau auf viele Jahre hin zu einer Wachstumslokomotive in den neuen Ländern werden kann – so wie in den fünfziger und sechziger Jahren im Westen. Ein Zurückstellen des Wohnungs- (und Städte-)baus wäre überdies völlig unnötig, wenn Durchführung und Finanzierung überwiegend den Marktkräften übertragen werden.

Gutes Wohnen zu tragbaren Preisen hat für die Menschen in beiden Teilen Deutschlands einen hohen Rang. Was »tragbar« ist, darüber gehen die Meinungen bekanntlich auseinander. Im

Sinne der sozialen Marktwirtschaft sollte allgemeinverbindlich festgelegt werden, ab welcher Belastung für sozial schwächere Haushalte soziale Absicherungsmechanismen zur Sicherung einer angemessenen Wohnungsversorgung greifen müssen. Ich denke dabei an das Wohngeld. Das heißt eben nicht, daß einem heute Bedürftigen eine dauerhaft mietpreisreduzierte Wohnung zur Verfügung zu stellen wäre, unabhängig von seinen eventuellen Einkommenssteigerungen, wie das bisher immer noch im traditionellen Sozialmietwohnungsbau der Fall ist. Die Fehlbelegungsabgabe schöpft bei den sozialen Mietwohnungen in der Regel nur einen Bruchteil der Mietpreisvorteile ab; sie reicht vor allem bei den älteren Sozialwohnungen bei weitem nicht hin, um die soziale Ungerechtigkeit der Fehlbelegung auszugleichen.

Den Riesenabstand zu vermindern, der heute in der Qualität von Wohnungen und Wohnumfeld zwischen West und Ost besteht – ein Bestandteil der Aufgabe, gleichwertige Lebensverhältnisse zu schaffen –, ist keine Aufgabe, die durch das Einfrieren der Bau- und Modernisierungsaktivitäten im Westen und die einseitige Konzentration auf den Osten gelöst werden könnte. An der Dringlichkeit der Ausweitung des Wohnungsbestands im Westen und an der Bedeutung fortgesetzter Bestandspflege der Wohnungen in Westdeutschland kann es keinen Zweifel geben. Die Lösung der Aufgabe muß aber angesichts der extrem hohen Beanspruchung der öffentlichen Haushalte darin bestehen, in den alten wie in den neuen Bundesländern in möglichst großem Umfange privates Kapital zu mobilisieren. Dies wiederum gelingt nur, wenn die für den Investor entscheidende positive Rentabilitätserwartung für Neubau und Bestandspflege – gegebenenfalls mit subsidiärer Hilfe des Staates – über den Markt herbeigeführt wird. Vor allem diejenigen gilt es verstärkt für den Neubau von Eigentumswohnungen zu gewinnen, die wenigstens den Großteil der tatsächlich entstehenden Kosten aus eigener Kraft finanzieren können.

Im Westen Deutschlands hat die unerwartet starke Expansion der Wohnungsnachfrage bei rückläufiger, erst seit kurzem wieder zunehmender Neubautätigkeit zu einer extremen Anspannung der Wohnungsmärkte geführt. Die Gründe sind bekannt: die kräftige Steigerung der Einkommen und die Verbesserung der Lage auf dem Arbeitsmarkt – mit beidem verbindet sich eine optimistischere Zukunftseinschätzung; die zunehmende Anzahl kleiner Haushalte und nicht zuletzt auch die unerwartet hohe Zuwanderung der letzten Jahre. Nach einer gemeinsamen Prognose des Instituts für Arbeitsmarkt- und Berufsforschung, Nürnberg, und von Professor Westphal, Hamburg, wird auch für die neunziger Jahre ein hoher Zuwanderungssaldo der alten Bundesrepublik erwartet: 3,7 Millionen Personen; das würde einem Zuwachs der Wohnbevölkerung im Westen um 3,1 Millionen entsprechen. Ähnliche Schätzungen hat das Deutsche Institut für Wirtschaftsforschung, Berlin, vorgelegt, das für die neunziger Jahre einen Neubau von 5 Millionen Wohnungseinheiten (einschließlich des aufgelaufenen Fehlbedarfs) für erforderlich hält.

Natürlich enthalten diese Schätzungen unbekannte Größen. Mit die wichtigste ist die wirtschaftliche Entwicklung in den neuen Ländern:

– Wenn alles gut laufen sollte, setzt der Aufschwung Ost im nächsten Jahr voll ein und gewinnt danach schnell an Fahrt. Der Zuzugsdruck aus den neuen Bundesländern wird dann geringer, fällt allmählich ganz weg, und in begrenztem Maße beginnt sogar eine Rückwanderung. Das dämpft den weiteren Anstieg der Angebotsdefizite im Westen der Bundesrepublik, und die Verbesserung der Wirtschaftslage im Osten mildert den Druck auf die öffentlichen Haushalte im Westen. Dies und die verbesserten Wirtschaftsaussichten werden den Realzins drücken. Gute Einkommens- und Beschäftigungserwartungen stützen die Mietzahlungsfähigkeit und die Bereitschaft, Wohnungseigentum zu erwerben. Das Risiko für die Investoren im Wohnungsbau nimmt ab.

– Wenn der Aufschwung Ost dagegen weiter schlapp bleiben sollte, wird im Westen der Zuzug aus den neuen Ländern anhalten oder gar wieder zunehmen. Bei schlechter Wirtschaftsentwicklung in Ostdeutschland bleiben die Belastungen von Steuerzahler und Kapitalmarkt hoch, und beides wirkt sich negativ auf die Investitionsbereitschaft der Unternehmen und die Lage auf dem Arbeitsmarkt aus. Die Mietzahlungsfähigkeit und die Bereitschaft, Wohnungseigentum zu erwerben, nehmen ab, und die hohen Kapitalmarktzinsen verschlechtern die Renditeerwartungen für den Wohnungsneubau und erhöhen das Investitionsrisiko.

Aber selbst in einem bald einsetzenden und schnell Fahrt gewinnenden Aufschwung im Osten werden die öffentlichen Haushalte noch auf Jahre hinaus hoch defizitär bleiben. Dementsprechend wird die Zinslastquote, das ist der Anteil der Zinsausgaben an den öffentlichen Gesamtausgaben, noch weiter steigen und Ausgabenzurückhaltung erzwingen. Der heilsame Zwang wird sich von daher noch verstärken, auch im Wohnungsneubau, in der Instandsetzung und der Modernisierung die öffentlichen Kassen nicht noch mehr zu beanspruchen, sondern vermehrt private Kapitalgeber anzuwerben und dabei möglichst zusätzliche Ersparnisse zu mobilisieren.

Privates Kapital für die Wohnungswirtschaft attrahiert der Staat vor allem dadurch, daß er das Wirken der Marktkräfte auf dem Wohnungsmarkt weniger blockiert als heute. Eine solche Blockade sind Interventionen in die Mietpreisbildung, ja schon das Androhen solcher Interventionen; sie halten privates Kapital vom Mietwohnungsbau fern. Das private Engagement im Eigenheimbau läßt nach, wenn den hiermit verbundenen hohen Belastungen nicht eine steuerlich angemessene Entlastung gegenübersteht, beziehungsweise wenn die Mehrbelastungen für die Wohneigentumsbildung gegenüber der Miete einer vergleichbaren Wohnung ein bestimmtes Maß überschreiten, so daß die Finanzierung vom betreffenden Haushalt entweder beim besten Willen nicht mehr aufzubringen ist oder auch in der Langfristperspektive nicht mehr lohnend erscheint. Die Gegenleistung zur staatlichen Förderung des Wohneigentums besteht in der Entlastung der staatlichen Vorsorge; denn wer sich für sein Eigenheim finanziell krummlegt, sorgt dadurch für seine wirtschaftliche Sicherheit im Alter und gegen die Wechselfälle des Lebens. Ein Gleiches gilt auch für die Vorsorgeleistung des Bausparens. Mit diesem verbindet sich nicht ein bloßes Umschichten der Sparformen, sondern – wie die höhere Sparleistung der Bausparer gegenüber den Geldkapitalsparern zeigt – eine insgesamt höhere Sparleistung. Die Bereitschaft zum Sparen fördern: das ist in einer Zeit besonders knappen öffentlichen Geldes besonders hilfreich für die Milderung der Kapitalknappheit im ganzen.

Zu den Blockaden für die Ausweitung des Wohnungsangebots gehört ebenfalls die restriktive

Praxis vieler Kommunen bei Ausweis und Erschließung neuer Wohngebiete. Gestützt auf Bevölkerungsprognosen, in denen die tatsächliche Entwicklung – insbesondere die Zuwanderung! – beträchtlich unterschätzt worden ist, und unter dem politischen Druck des Umweltschutzes, die bebaute Fläche möglichst wenig auszuweiten, haben sich die Planungsverantwortlichen auf regionaler und kommunaler Ebene in den achtziger Jahren bei ihren Baulandplanungen auf viel zu niedrige Neubauzahlen eingestellt. Weit unterschätzt wurde auch die wohlstandsbedingte Ausweitung der Wohnflächennachfrage und der Nachfrage nach Wohneinheiten. Die mit der aktuellen Verknappung einhergehenden Preissteigerungen für Bauland in guter Lage fördert darüber hinaus die Tendenz der Eigner, das Baurecht nicht zu nutzen, sondern auf weitere Wertsteigerungen zu spekulieren, weil man die steuerfreien Wertsteigerungen der Bodenhortung als lukrativer ansieht als die besteuerten Renditen, die im Falle der Wohnbebauung für erzielbar gehalten werden.

Regional wird man dabei sicherlich zwischen denjenigen Fällen unterscheiden müssen, wo aufgrund reichlich vorhandener landwirtschaftlicher Nutzflächen – auch unter Berücksichtigung des Infrastrukturausbaus und der Sicherung ökologischer Ziele – an sich genügend Bauland ausgewiesen werden könnte, die Verknappung also lediglich planungsbedingt ist, und den anderen Fällen, wo nicht mehr genügend bebaubares Land vorhanden ist, um die Nachfrage zu befriedigen; innerhalb der Stadtgrenzen von München oder Stuttgart trifft letzteres zu. Bei wachsendem Flächenbedarf für Infrastruktur, Wirtschaft und Wohnen sind Flächenumnutzungen unvermeidlich. Ökologisches Engagement sollte sich demnach darauf konzentrieren, gemeinsam mit den Bedarfsträgern und Planungsverantwortlichen nach Lösungen zu suchen, die auch aus ökologischer Sicht zweckmäßig erscheinen, anstatt von vornherein jedwede Neuausweisung zunächst einmal zu blockieren. Damit schießen ökologisch Engagierte nicht selten ein Eigentor. Wenn nämlich die Baunachfrage ins weitere Umland abgedrängt wird, erzeugt dies zusätzlichen Verkehr – wohlgemerkt: zusätzlichen Individualverkehr –, und das »ökologische Gesamtergebnis« dürfte dann schlechter ausfallen.

Man sollte es sich merken: Die Verhinderung neuer Blockaden des Baus von Wohnungen – Mietwohnungen wie selbstgenutzten Wohneigentums – ist Präventivmedizin gegen die soziale Krankheit Wohnungsmangel, die intelligente Beseitigung bereits bestehender Blockaden ist Kausaltherapie. Beides ist nötig, und beides ist besser als das bei Politikern beliebte Herumdoktern am Symptom sozialer Krankheiten wie dem Wohnungsmangel, zu deren Entstehen sie maßgeblich beigetragen haben.

Der bei Politikern aller Parteien beliebte Mietpreiseingriff ist ein solches Kurieren am Symptom. Schlimmer noch: Er verschärft den Wohnungsmangel. Für »den Mieter« – genauer: den Altmieter – ist er ein Geschenk auf Zeit, solange nämlich dieser seine Wohnung nicht aufgibt. Der Neumieter tut sich schwer, eine Wohnung zu finden, und dies um so mehr, je weiter sich der Knappheitspreis vom zulässigen Preis entfernt und je länger die Mietpreiskontrolle dauert. Er tut sich erst recht schwer, wenn auch die Neu- und Wiedervermietungspreise gesetzlich begrenzt werden und die Verteilung des knappen Gutes Wohnung dann nicht mehr über den Mietpreis, sondern anderweitig, zum Beispiel über Abstandszahlungen oder ähnliches, geregelt wird. Denn wenn niedrige Mietpreise die erzielbaren Renditen im Wohnungsbau mindern, wird eben weniger in den Bau neuer Mietwohnungen investiert und der Wohnungsmangel sich mit der Zeit verschärfen. Wenn es sich schließlich sogar nicht einmal lohnt, den Bestand in Schuß zu halten, verkommen mit der Zeit die Wohnungen und Gebäude. So war es ja in der ehemaligen DDR. Das in der Verfassung dieses unsozialen sozialistischen Staates festgeschriebene »Recht auf Wohnung« wirkt heute wie eine Verhöhnung der Mieter.

Die durch Eingriffe in die Mietpreisbildung hervorgerufene Diskrepanz zwischen Altmieten und Neumieten ist auch aus gesamtwirtschaftlicher Sicht bedenklich. In einer dynamischen Wirtschaft wandeln sich permanent die sektoralen und regionalen Produktionsstrukturen und die regionalen Arbeitsmärkte. Daher ist ein gewisses Maß an regionaler Mobilität unverzichtbar. Wenn aber die Neumieten weit höher sind als die Altmieten, wird das viele davon abhalten, besser bezahlte Arbeit an einem anderen Ort anzunehmen. Das erschwert nicht nur den strukturellen Wandel in der Produktion, sondern auch den regionalen Ausgleich auf dem Arbeitsmarkt.

Das soziale Argument, das für Mietpreiskontrollen ins Feld geführt wird, ist fadenscheinig. Der Preis der Angebotsverknappung muß letzten Endes hauptsächlich von den wirtschaftlich und sozial Schlechtergestellten gezahlt werden. Die Bessergestellten wissen sich immer zu helfen. Sie setzen sich am Markt mit ihrer Nachfrage durch und verdrängen so die anderen. Man sollte es doch endlich zur Kenntnis nehmen: Mietpreiskontrollen sind zwar sozial gut gemeint, wirken tatsächlich aber unsozial, weil sie die Knappheit erhöhen, weil sie regelmäßig auch zu einer ungerechten realen Verteilung der knappen Wohnungen führen und weil die Ausweichreaktionen, zu denen sie anreizen, großenteils als unmoralisch zu gelten haben.

Die Marktkräfte werden im Wohnungsbau nur dann voll wirksam werden, wenn die Preise ihre Funktion als Knappheitssignal und als Anreizinstrument ausüben können. Für die Verhinderung ökonomisch notwendiger Mietpreiserhöhungen mußte noch immer ein Preis gezahlt werden, sei es aufgrund der oben bereits beschriebenen Angebotsverknappung infolge verringerter Neubautätigkeit oder der Verwahrlosung des Wohnungsbestandes oder sei es aufgrund der mangelverschärfenden Nachfragesteigerung oder des Wohnraumhortens, oder sei es schließlich in der Form verstärkter Subventionierung des Wohnungsneubaus – der letzten Zuflucht der Interventionisten. Subventionen entziehen bekanntlich knappes öffentliches Geld anderen Aufgaben, und an überaus dringlichen Aufgaben ist wahrhaftig kein Mangel.

Ich komme nun zu dem alten, leidigen Thema der sozialen Mietwohnungen. Beginnen wir mit einem Blick auf die Statistik. Letzten Monat hat das Statistische Bundesamt weitere Ergebnisse aus der Wohnstätten- und Volkszählung vom 25. Mai 1987 bekanntgegeben (WiSta 5/91), die das Problem der Fehlbelegung im sozialen Mietwohnungsbau eindrucksvoll beleuchten. Danach lebten – ich zitiere – »Einpersonenhaushalte (1,66 Mio; 20,8 v.H. Anteil) nicht nur absolut, sondern auch relativ häufiger als Großhaushalte (0,34 Mio; 19,3 v.H. Anteil) in mit Mitteln des sozialen Wohnungsbaus (erster Förderungsweg) geförderten Wohnungen. Mehr als eine halbe Million (31 v.H.) der von Alleinlebenden bewohnten Sozialwoh-

nungen waren mindestens 60 m², mehr als 100 000 (6,9 v. H.) sogar mindestens 80 m² groß.«
Es spricht einiges dafür, daß es sich bei diesen eklatanten Fällen flächemäßiger Fehlbelegung hochsubventionierter Wohnungsbestände um ältere Baujahrgänge handelt, mit Mieten zwischen 2,50 und 4 DM pro Quadratmeter. Es ist auch leicht einzusehen, daß die Mieter lieber in ihren zu großen Wohnungen wohnen bleiben, weil sie in der Regel nach einem Umzug für eine kleinere Wohnung insgesamt mehr bezahlen müßten als für ihre alte große. Vor dem Hintergrund der aktuellen Versorgungsprobleme und aus gesellschaftlicher Sicht darf das jedoch nicht einfach mit Achselzucken abgetan werden: Wohnen in Sozialwohnungen als sozialer Skandal – das kann ja wohl nicht hingenommen werden! Man mag zwar darüber streiten, ob es den politischen Kraftakt lohnt, die Dinge für den Altbestand jetzt noch nachträglich zu reparieren, da viele Bindungen ohnehin bald auslaufen. Ich jedenfalls halte einen Kraftakt für sehr lohnend! Er sollte darin bestehen, die Mieten der Sozialwohnungen an die Vergleichsmieten anzupassen, den Anpassungsgewinn ganz oder zumindest zum größten Teil abzuschöpfen und die dabei entstehenden sozialen Härten durch Wohngeld abzumildern. Kein Sozialmieter ist dann schlechter gestellt als ein Mieter mit vergleichbarem Einkommen und in vergleichbarer sozialer Lage. Das ist gerecht. Es trägt, weil es zu Umschichtungen in der Wohnungsnachfrage kommen wird, zu einer gewissen Entspannung am Wohnungsmarkt bei, und es ist für den Fiskus ertragreich.

Der soziale Mietwohnungsbau ist in den achtziger Jahren stark zurückgenommen worden, und das ist gut so. Die Behauptung, der Rückgang im sozialen Mietwohnungsbau sei die Hauptursache für den akuten Mangel an preisgünstigen Wohnungen, zeugt von der Unkenntnis, wie der Wohnungsmarkt funktioniert. Zu den eigentlichen Ursachen gehört zunächst einmal die zu geringe Neubautätigkeit. Weil zuwenig neue Wohnungen gebaut wurden, hat sich ein Teil der kaufkräftigen Nachfrage auf Wohnungen geringerer Qualität gerichtet und deren Mietpreise hochgetrieben. Eine andere Ursache ist in der mit staatlicher Förderung forcierten Modernisierung der Altbaubestände zu sehen, die ebenfalls mietpreissteigernd wirkte. Eine dritte Ursache ist nicht dem Tun, sondern dem Unterlassen zuzuschreiben: Die Gemeinden haben ihre eigenen Wohnungsgesellschaften zuwenig auf die soziale Wohnungsversorgungsaufgabe eingestellt, und sie haben sich auch zuwenig darum bemüht, vergleichsweise preisgünstigen Wohnraum anzumieten, um ihn Bürgern mit niedrigeren Einkommen oder in einer sozial schwierigen Situation verbilligt anzubieten. Für die Gemeinden ist es einfacher – und billiger –, das verstärkte Engagement von Bund und Ländern im Sozialwohnungsbau einzufordern als selbst in der Wohnungsfürsorge aktiv zu werden und dafür primär auch die im Markt angelegten Möglichkeiten zu nutzen.

Der Sachverständigenrat hat in seinem Jahresgutachten 1989 seine Kritik am Sozialmietwohnungsbau für den »dritten Förderungsweg«, die sogenannte vereinbarte Förderung, abgeschwächt: »Mit dieser Regelung können die Länder und Gemeinden nicht nur eine dem konkreten Falle angepaßte Vereinbarung zwischen Investor und Bewilligungsstelle treffen, sondern vor allem auch durch den Wettbewerb der Subventionsnehmer einen Druck auf diese ausüben, die Kosten des Objekts niedrig zu halten und seine langfristige Vermietbarkeit im

GRUNDFRAGEN DER WOHNUNGSVERSORGUNG

Auge zu behalten« (Ziffer 381). Der »dritte Förderungsweg« spielt jedoch bisher eine nur geringe Rolle. Einige Länder bieten ihn überhaupt nicht an. Liegt dies daran, daß er von »den Bewilligungsstellen, die sich bisher an einfache Schemaregelungen halten konnten«, viel mehr fordert, nämlich »ein gleichermaßen am Markt und an differenzierten Kriterien der Förderungsbedürftigkeit ausgerichtetes Vorgehen« (Sachverständigenrat Ziffer 381)?

Die Stimmen, die eine Fortsetzung des »klassischen« sozialen Mietwohnungsbaus des ersten Förderungsweges fordern, sind auch heute nicht verstummt. Daß dieser in höchstem Maße unsozial ist, ist schon so oft dargestellt und begründet worden, daß die Wiederholung eigentlich überflüssig sein müßte, zumal es keine überzeugenden Argumente gibt, die zu seiner sozialen Rechtfertigung vorgebracht worden sind. Offenbar ist die Botschaft aber nicht verstanden worden – oder sie will nicht gehört werden. Deshalb nochmals:

– Sozialer Mietwohnungsbau ist unsozial, weil die erreichbare Bauleistung bei weitem nicht ausreicht, alle Berechtigten mit einer Sozialwohnung zu versorgen. Wer »draußen« bleibt, das heißt, auf eine Wohnung aus dem freifinanzierten Wohnungsbestand angewiesen ist, stellt sich auch als Wohngeldempfänger meist deutlich schlechter als vergleichbare Sozialmieter.

– Sozialer Mietwohnungsbau ist unsozial, weil die preisgünstigsten älteren Wohnungen in der Regel von Haushalten belegt sind, die einer Dauermietsubvention gar nicht mehr bedürfen, während für akute Notstandsfälle Unterbringungsmöglichkeiten fehlen.

– Sozialer Mietwohnungsbau bewirkt zur Verbesserung der Versorgungslage einkommensschwächerer Haushalte per Saldo wenig – oder gar nichts –, wenn die kommunale Wohnungspolitik nicht gleichzeitig sicherstellt, daß verstärkte Wohneigentumsbildung den sonst von den einkommensstärkeren Haushalten ausgeübten Nachfragedruck auf den vorhandenen Mietwohnungsbestand – und damit den Verdrängungseffekt – mindert.

Soweit für die dauerhafte Unterbringung von Haushalten mit Zugangsschwierigkeiten am Markt auf spezielle Neubaumaßnahmen nicht verzichtet werden kann, sollte das Hauptziel der mit der Förderung verbundenen vertraglichen Vereinbarung die Belegungsbindung sein. Bezüglich der Mietpreise sollte dabei vertraglich lediglich vereinbart werden, daß die ortsübliche Vergleichsmiete auch im Falle der Wiedervermietung nicht überschritten werden darf. Zugleich wäre dies ein Beitrag zur Verwaltungsvereinfachung. Komplizierte Sonderregelungen zur Mietpreisbildung bei Sozialwohnungen könnten damit entfallen.

Lediglich für die zeitlich befristete Unterbringung von akuten Notstandsfällen sowie für die dauerhafte Wohnungsversorgung chronischer Sozialfälle sollten zukünftig besonders mietpreisbegünstigte Wohnungen für die Kommunen verfügbar gehalten werden. Die Mietpreisbegünstigung wird dann zur Ausnahmeregelung zugunsten der wirklich Bedürftigen, nicht wie heute zu einer Regelung für eine breite Bevölkerungsschicht.

Die Förderung des sozialen Mietwohnungsbaus ist die mit weitem Abstand teuerste Neubauförderung – bei nahezu gleicher Wohnqualität wie im freifinanzierten Mietwohnungsbau. Das zeigen die folgenden Ergebnisse von Modellrechnungen:

– Die Förderung einer Eigentumswohnung nach Paragraph 10e schlägt in Form von Einnahmeausfällen bei der Lohn- und Einkommensteuer für den Fiskus mit 40 000 bis 50 000 DM zu

Buche. Der hinzuzurechnende Bausparprämienaufwand dürfte bei etwa 1000 DM je Neubauwohnung liegen, wenn man berücksichtigt, daß die prämierten Sparbeträge auch für den Erwerb von Gebrauchtwohnungen und für Wohnungsmodernisierung zur Verfügung stehen.
– Für die gleiche Wohnung im freifinanzierten Mietwohnungsbau muß der Fiskus bei einem privaten Investor für die ersten 15 Jahre nach Errichtung der Wohnung Einkommensteuerausfälle zwischen 100 000 und 120 000 DM hinnehmen. Sie ergeben sich aus den folgenden Absetzungen von der Steuerbemessungsgrundlage: anschaffungsnahe Werbungskosten, degressive Abschreibung nach Paragraph 7 Absatz 5 Einkommensteuergesetz (EStG), Schuldzinsen, gegebenenfalls Verluste aus Vermietung und Verpachtung.
– Als Sozialmietwohnung des ersten Förderungswegs – dem für viele Befürworter des sozialen Mietwohnungsbaus immer noch »solidesten Weg« – verursacht die gleiche Wohnung bei Steuerausfällen, die nur geringfügig niedriger sind als bei der freifinanzierten Mietwohnung, einschließlich der objektbezogenen Förderung Belastungen für den Fiskus von um die 200 000 DM, in großstädtischen Ballungsbieten sogar noch mehr.

Die für den – ob arm, ob reich – Steuerzahler als Zahlmeister schlimmste Nachricht kommt aus Berlin, wo für die Finanzierung des Sozialmietwohnungsbaus bisher zusätzliche steuerliche Vergünstigungen zur Verfügung standen: Hier wurden jüngst Sozialmietwohnungen in Form geschlossener Immobilienfonds für Kapitalanleger angeboten, bei denen sich die Gesamtherstellkosten für eine Wohnung von 76 Quadratmeter auf über 500 000 DM beliefen. Der Prospekt versprach dem Anleger bei entsprechender persönlicher Steuerprogression eine Rendite ohne effektiven Eigenkapitaleinsatz. Die Sozialmieten sollen dabei zwischen 5,50 und 6 DM pro Quadratmeter monatlich liegen. Der fiskalische Aufwand für eine solche Unsozial-Wohnung dürfte sich damit, sehr vorsichtig geschätzt, auf über 400 000 DM belaufen.

Daß solche Finanzierungsmodelle für die Lösung der mit dem Wechsel von Parlament und Regierung nach Berlin verbundenen Wohnungsprobleme fiskalisch nicht darstellbar sind, darüber sollte man sich im klaren sein. Mit dem ehemals volkseigenen Wohnungsbestand, der qua Einigungsvertrag den Kommunen zugefallen ist, und aufgrund der Tatsache, daß in West-Berlin – gestützt auf überreichlich verfügbare Mittel für den sozialen Wohnungsbau – mehr als Dreiviertel des Nachkriegsneubaus im Rahmen des sozialen Wohnungsbaus realisiert wurde, gibt es dort ohnehin in übergroßer Zahl Sozialwohnungen und Wohnungen im Eigentum städtischer Gesellschaften. Demgegenüber ist die Wohneigentumsquote in West-Berlin mit 100 Prozent die niedrigste im Bundesgebiet. Für den zukünftigen Wohnungsneubau sollte dort bei dieser Sachlage folglich der Bildung von selbstgenutztem Wohneigentum und dem freifinanzierten Mietwohnungsbau eindeutige Priorität eingeräumt werden.

Für die nächsten Jahre gilt mehr denn je: Die Wohnungsversorgung mit der höchsten Eigenleistung ist gesamtwirtschaftlich am besten, für den Fiskus am billigsten und alles in allem die in sozialer Hinsicht beste.
– Entscheidend wichtig für dieses Urteil ist der Befund, daß die Menschen offenbar bereit sind, wachsenden Wohlstand vorzugsweise zur Verbesserung ihrer Wohnsituation zu nutzen. Entfielen 1960 noch 13 Prozent der Ausgaben für den privaten Verbrauch auf die Wohnungs-

nutzung, liegt der Anteil heute bereits bei über 18 Prozent. Viel höher noch ist dieser Anteil bei den Wohneigentumserwerbern; bei ihnen macht er in den ersten zehn Jahren nach dem Erwerb an die 25 bis 30 Prozent aus. Der Hauptgrund hierfür ist in der deutlich höheren Sparbereitschaft der Wohneigentumserwerber gegenüber Geldkapitalsparern zu sehen. Man wird sicherlich nicht zu hoch schätzen, wenn man die aus dem verfügbaren Einkommen aufzubringende Mehrbelastung für Wohneigentum für eine 100-Quadratmeter-Wohnung auf 4 DM pro Quadratmeter oder 4800 DM pro Jahr veranschlagt; das entspricht immerhin der Annuität für ein Darlehen von mindestens 40 000 DM. Wir haben weiter oben gesehen, daß der Fiskus durch Förderung des Wohneigentums die größte Bauleistung zu bewirken vermag. Schließlich ist noch zu bedenken, daß eine breite Wohneigentumsförderung den Markt der Mietwohnungen von der Nachfrageseite her entlastet und so auf den Mietpreis drückt. Nutznießer sind vor allem die Mieter mit niedrigerem Einkommen.

– Man muß zur Kenntnis nehmen, daß die Wohnungsbautätigkeit in denjenigen Bundesländern und Regionen vergleichsweise am schwächsten ausfällt, in denen am wenigsten Eigentumsmaßnahmen durchgeführt worden sind. Man kann in den Niedrigzahlen für den Bau von selbstgenutztem Wohneigentum einen Spiegel für die jeweilige wohnungspolitische Einstellung und Praxis sehen – und in der niedrigen Gesamtleistung des Wohnungsbaus in diesen Räumen zugleich die Marktantwort auf diese Politik. Die wohnungspolitische Neuorientierung wäre sozialpolitisch mehr hilfreich als das Hineinpumpen von Förderungsmitteln in den sozialen Mietwohnungsbau!

Als Volkswirt fällt es mir schwer, für eine Erhöhung der staatlichen Förderung einzutreten. In der aktuellen Lage des unleugbaren Wohnungsmangels scheint mir jedoch ein Kompromiß geboten zu sein: Die Politik sollte alles unterlassen, was die Eigenleistung und die Bereitstellung privaten Kapitals für den Wohnungsbau beschneidet. Ich halte es deshalb nicht für zweckmäßig, wenn ausgerechnet in dieser wohnungspolitischen Situation beim Paragraphen 10e Einkommensgrenzen eingeführt werden. Für die Stärkung des Baus von selbstgenutztem Wohnungseigentum – und damit für die vermehrte Freisetzung von Mietwohnungen – wäre es auch hilfreich, wenn der persönliche Objektverbrauch nicht weiterhin die Voraussetzung für die Anwendung des Paragraphen 10e EStG bliebe. Viel wäre schon gewonnen, wenn diese Regelung nicht mehr für die älteren Bürger gelten würde. Denn diese möchten vielfach ihre bisherige Wohnung oder ihr Haus gegen eine für sie nach Lage, Größe und Zuschnitt passendere Wohnung wechseln; doch nimmt ihnen die Nichtanwendbarkeit des Paragraphen 10e bei früherer Inanspruchnahme des Paragraphen 7b den wirtschaftlichen Anreiz.

Ich gebe zu: Das sind »kleine Maßnahmen«. In einer Situation, in der eine überbordende Ausgabenpolitik des Staates auf absehbare Zeit den Weg für Zinssenkungen als wichtigste Hilfe für den Wohnungsbau versperren wird, muß man aber auch mit kleinen Fortschritten zufrieden sein.

PROFESSOR DR. LOTHAR HÜBL, UNIVERSITÄT HANNOVER
(INSTITUT FÜR VOLKSWIRTSCHAFTSLEHRE, KONJUNKTUR-
UND STRUKTURPOLITIK)

BEVÖLKERUNGSENTWICKLUNG, WOHNUNGSPRÄFERENZEN
UND WOHNUNGSBEDARF – PERSPEKTIVEN FÜR DIE
NEUNZIGER JAHRE

Die Diskussion über die Lage auf dem Wohnungsmarkt hat sich in den letzten Jahren radikal gewandelt. Wurde noch Anfang und Mitte der achtziger Jahre von einer Überversorgung der Haushalte gesprochen, wurden massive Leerstände beklagt und wurde an einen Rückbau gedacht, so rückt seit einigen Jahren wieder Wohnungsnot in die Schlagzeilen. Wie ist ein solch extremer Umschwung innerhalb so kurzer Zeit möglich? In welchem Ausmaß tragen die Aus- und Übersiedler zu der Wohnungsverknappung bei? Sind es die geburtenstarken Jahrgänge, die die Wohnungspolitik überrascht haben? Oder ist es vielmehr der Wunsch nach größeren Wohnungen und nach einem Singleleben, der immer mehr Wohnraum erfordert?

BISHERIGE ENTWICKLUNG

Im Folgenden möchte ich mich auf den Wohnungsmarkt in den alten Bundesländern beschränken und zunächst auf die veränderte Situation seit Ende der achtziger Jahre eingehen, einiges über die Ursachen der Wohnungsverknappung sagen, bevor ich versuche, eine mögliche Entwicklung in den neunziger Jahren zu skizzieren, um mit einigen Bemerkungen über eine geeignete Politik zur Deckung der Wohnungslücke zu schließen.
Die gegenwärtige Lage auf dem Wohnungsmarkt ist auf den ersten Blick nicht so eindeutig zu beurteilen. Zwar sind die Anmeldelisten auf den kommunalen Wohnungsämtern lang, doch ist die Bevölkerung wohnungsmäßig untergebracht, so daß bis auf extreme Ausnahmen niemand auf Parkbänken schlafen muß. Wie äußert sich die gegenwärtige Wohnungsknappheit? Als Indikatoren für die Wohnungsversorgung können Leerstände, Untermietverhältnisse und Mietpreisentwicklung herangezogen werden, wobei es für zwei der drei Indikatoren keine laufenden Erhebungen gibt, sondern man auf seltene Gesamterhebungen und Stichproben angewiesen ist. Alle drei Indikatoren zeigen einen gemeinsamen Trend: Sowohl die Entwicklung der Mieten, deren Höhe regelmäßig erhoben und veröffentlicht wird, als auch die der Untermietverhältnisse und die der Leerstände, die nur unvollständig dokumentiert sind (Stichproben und Gebäude- und Wohnungszählung), weisen darauf hin, daß ab Mitte der achtziger Jahre die Situation am Wohnungsmarkt umgeschlagen ist.
So ließ schon die Gebäude- und Wohnungszählung 1987 – also zu einer Zeit, bevor die großen Zuwanderungen einsetzten – erkennen, daß die Zeit der hohen Leerstände vorbei war. Der Anteil der leerstehenden Wohnungen war wieder deutlich unter 2 Prozent des Wohnungs-

bestands gefallen und hatte fast den Stand der letzten Vollerhebung von 1968 erreicht. In den siebziger Jahren bis Anfang der achtziger war dagegen die Zahl der leerstehenden Wohnungen gestiegen, wie die Stichproben zwischen den beiden Vollerhebungen zeigen: Bis 1985 war der Anteil der Leerwohnungen auf zuletzt knapp 4 Prozent angewachsen; die Diskussion um ein Überangebot auf dem Wohnungsmarkt fällt in diese Zeit. Aus Erfahrung kann man sagen, daß zu einem reibungslosen Funktionieren des Wohnungsmarktes, das heißt zur Durchführung von Umzügen und Renovierung, 2 bis 2,5 Prozent leerstehende Wohnungen notwendig sind – eine Größenordnung, die bereits 1987 nicht mehr erreicht wurde.

Bei den Untervermietungen war bis Mitte der achtziger Jahre eine ausgeprägte, kontinuierliche Abnahme zu beobachten. Waren 1968 noch knapp 5 Prozent aller Wohnungen untervermietet, so verringerte sich dieser Anteil auf nicht einmal mehr 3 Prozent in Jahr 1985. Auch dieser Indikator deutet bereits ab 1987 auf eine Verschlechterung der Wohnungsversorgung hin. Die Haushalte waren vermehrt gezwungen, Untermietverhältnisse einzugehen, da Wohnungen nicht in ausreichendem Maße zur Verfügung standen. Parallel dazu sank bis Mitte der achtziger Jahre das Alter, in dem sich erwachsene Kinder aus dem Haushalt ihrer Eltern lösten. Seit 1987 ist das Lösungsalter wieder merklich angestiegen. Zahl und Alter der »Nesthocker« nehmen wieder zu.

Auch die Entwicklung der Mieten stützt die These, daß Mitte der achtziger Jahre die Wohnungsversorgung ihren Höhepunkt erreichte und die Situation danach sich für die Wohnungssuchenden zum Negativen kehrte. So waren die jährlichen durchschnittlichen Mietpreissteigerungen von 1983 bis 1987 mit 3,6 Prozent die niedrigsten im Vergleich der Einkommens- und Verbrauchsstichproben seit 1962 (Kaiser, J., 1990, S. 269f). Stiegen die Ausgaben für Wohnungsmieten (einschließlich Nebenkosten) bis 1983 noch stark an, so flachte diese jährliche Steigerung bis 1987 zunächst merklich ab; seit 1987 wachsen die Mietausgaben wieder in einem beträchtlich höheren Maß. In die gleiche Richtung weist auch eine Untersuchung des Münchener Instituts für Markt-, Regional- und Wirtschaftsforschung über die Wertentwicklung von Wohn- und Gewerbeimmobilien in 43 Großstädten. Das Institut hat festgestellt, daß von 1985 bis 1990 sich die Mieten für Neubauwohnungen um 27 Prozent, die von Altbauwohnungen sogar um 30 Prozent erhöht haben (Münchener Institut für Markt-, Regional- und Wirtschaftsforschung, 1990). Die Lebenshaltungskosten sind dagegen im gleichen Zeitraum insgesamt nur um 7 Prozent gestiegen (Statistisches Bundesamt, 1991, S. 113).

Betrachtet man die Mietpreisentwicklung von 1988 bis 1990 für neuvermietete Wohnungen (Nettokaltmiete, Neubau, mittlerer und guter Wohnwert) auf der einen Seite in den größten deutschen Städten Berlin, München und Hamburg, auf der anderen Seite in mittleren Städten, wie zum Beispiel Freiburg, Mannheim und Karlsruhe, so zeigt sich, daß die Quadratmeterpreise in nur zwei Jahren um 30 Prozent und mehr angestiegen sind; und dies vor dem Hintergrund, daß in den mittleren Städten die Quadratmeterpreise sich seit 1980 nur ganz leicht erhöhten, in den großen Städten die Mieten konstant oder sogar leicht rückläufig gewesen sind (Ring Deutscher Makler, verschiedene Jahrgänge).

Nun sind Mietpreissteigerungen nicht notwendigerweise Ausdruck eines engen Wohnungsmarktes, sondern können auch durch qualitative Verbesserungen gedeckt sein. So ist zum Beispiel eines der Ergebnisse der Gebäude- und Wohnungszählung gerade die deutliche Verbesserung der Wohnungsausstattung in den vergangenen zwanzig Jahren (Stürmer, B., 1989, S. 490 bis 492). Jedoch ist eine den genannten Zuwachsraten entsprechende Qualitätsverbesserung in fünf oder sogar nur zwei Jahren unwahrscheinlich. Nach aller Erfahrung hat in dieser Zeit auch kein außergewöhnlicher Qualitätssprung stattgefunden.

Unabhängig von aller Statistik wird einem aber wohl die Angebotsverknappung am deutlichsten, wenn man sich zur Zeit in bundesdeutschen Großstädten einmal selbst auf Wohnungssuche begibt.

Wie kam es zu der Verknappung am Wohnungsmarkt? Von der demographischen Seite her waren es vor allem die geburtenstarken Jahrgänge der sechziger Jahre, die seit Mitte der achtziger Jahre ins Haushaltbildungsalter eingetreten sind. Diese Entwicklung kam absolut nicht überraschend, sondern ist seit der Geburt der entsprechenden Personen bekannt und an den Fingern abzählbar gewesen. Nicht vorhersehbar waren die massiven Zuwanderungen seit 1988. Zusätzlich bestand der Trend zu kleineren Haushalten (Single-Bewegung) fort. Als Folge dieser Ursachen stiegen die Haushaltszahlen deutlich an. Gleichzeitig erlaubte die günstige wirtschaftliche Entwicklung die Realisierung der Wünsche weiter Teile der Bevölkerung nach geräumigen Wohnungen.

Auf der Angebotsseite waren es die geringen Fertigstellungszahlen der achtziger Jahre, zum Teil sicherlich durch die pessimistischen Prognosen einer in Zukunft immer weiter abnehmenden Bevölkerung beeinflußt, bei einem aufgrund zu hoher Fortschreibungszahlen überschätzten Wohnungsbestand.

Zunächst zum Wohnungsbestand. Erst nach fast zwanzig Jahren wurde 1987 wieder eine Vollerhebung des Gebäude- und Wohnungsbestandes durchgeführt. Es zeigte sich, daß die Fortschreibung der 1968er Erhebung fast 1 Million Wohnungen zuviel ausgewiesen hatte (Würzberger, P.; Weder, E., 1988, S. 835f.). Wie kam es zu dieser Fehleinschätzung? Jährlich ermittelt werden nur die Baufertigstellungen und die Abgänge, die zum größten Teil aus den genehmigten Abrissen bestehen. Umwidmungen von Wohn- in Geschäftsräume, nicht weitervermietete Einliegerwohnungen und Zusammenlegung von Wohnungen werden nicht vollständig erfaßt. Nimmt man an, daß die 1 Million Wohnungen, um die der Wohnungsbestand bis 1987 überschätzt wurde, innerhalb der 19 Jahre zwischen den beiden Vollerhebungen gleichmäßig dem Wohnungsmarkt entzogen wurden, so bedeutet dies jährlich 53 000 Wohnungen zusätzlichen Ersatzbedarfs zu den 15 000 Wohnungen, die gemäß der Statistik Ende der achtziger Jahre pro Jahr als Abgänge registriert wurden. Insgesamt müssen also rund 70 000 Wohnungen durchschnittlich pro Jahr gebaut werden, nur um den Wohnungsbestand zu halten. Dieses Verfahren der gleichmäßigen Verteilung der 1 Million Abgänge ist natürlich unbefriedigend, da davon auszugehen ist, daß zumindest die Umwidmungen stark von der wirtschaftlichen Gesamtentwicklung abhängig sind; jedoch gibt es ein wesentlich realistischeres Bild des jährlichen Ersatzbedarfs als die durch die Fortschreibung ermittelten Abgänge.

Aber nicht nur, daß der Wohnungsbestand überschätzt und die jährlichen Abgänge unterschätzt wurden, gleichzeitig brach auch der Wohnungsneubau ein. So markierten die achtziger Jahre bei den jährlichen Fertigstellungszahlen einen Tiefpunkt. Während in der Bundesrepublik Deutschland in den sechziger Jahren zwischen 500 000 und 600 000 Wohnungen jährlich (in Wohn- und Nichtwohngebäuden, einschließlich Baumaßnahmen an bestehenden Gebäuden) neu erstellt wurden, sanken nach einem Höhepunkt von 710 000 neuen Wohnungen 1973 die Fertigstellungszahlen bis Ende der siebziger Jahre auf nur noch 400 000. Der Abwärtstrend hielt während der achtziger Jahre an, mit dem bisherigen Tiefststand von kaum mehr als 200 000 neuerrichteten Wohnungen im Jahre 1988. Seit 1989 ist ein leichter Anstieg der Neubautätigkeit festzustellen, der sich 1990 fortsetzte; jedoch sind auch 1990 nur gut 300 000 Wohnungen entstanden, von denen grob zwei Drittel auf Ein- und Zweifamilienhäuser und ein Drittel auf Mehrfamilienhäuser entfallen. Zur Erinnerung sei angemerkt, daß Anfang der siebziger Jahre dieses Verhältnis praktisch umgekehrt war.

Diese nur geringen Bestandszunahmen der achtziger Jahre trafen nun nicht auf eine sinkende, sondern steigende Nachfrage. Die Bevölkerungszahl der Bundesrepublik ist während dieser Zeit nicht gesunken, sondern gestiegen (0,7 Prozent zwischen 1970 und 1987). Die Bevölkerungsfortschreibung wich nur um 0,1 Prozent oder 70 000 Personen von dem Volkszählungsergebnis ab und gab damit sehr gut die Entwicklung wieder. Zwar war ein erhebliches Abflachen des Bevölkerungswachstums bis 1987 gegenüber den sechziger Jahren zu beobachten, als innerhalb von neun Jahren die Bevölkerung noch um knapp 8 Prozent wuchs. Gleichzeitig ist aber festzuhalten, daß der von vielen erwartete Bevölkerungsrückgang schon vor den massiven Zuwanderungen aus der ehemaligen DDR und Osteuropa nicht eintrat.

Für die Wohnungsnachfrage ist die Entwicklung der Haushaltszahlen bedeutsamer als die Bevölkerungszahl. Trotz geringen Bevölkerungswachstums stieg die Zahl der Privathaushalte auf 26,2 Millionen; dies bedeutet einen Zuwachs von 4,3 Millionen oder fast 20 Prozent gegenüber dem Jahr 1970 (Wedel, E., 1989a, S. 274f.). Konsequenz aus einem leichten Bevölkerungsanstieg und einer starken Zunahme der Haushaltszahlen ist, daß die durchschnittliche Haushaltsgröße sinkt. So wuchs die Zahl der Zweipersonenhaushalte im genannten Zeitraum um 25 Prozent, die der Einpersonenhaushalte sogar um knapp 60 Prozent. Drei- und Vierpersonenhaushalte stiegen dagegen zahlenmäßig nur um jeweils 7 bis 8 Prozent, die Fünf- und Mehrpersonenhaushalte fielen um fast 40 Prozent. Damit nahm auch die durchschnittliche Haushaltsgröße von 2,7 (1968) auf 2,3 (1987) Haushaltsmitglieder ab.

Trotz geringer Fertigstellungszahlen in der zweiten Hälfte der achtziger Jahre erhöhte sich der Wohnungsbestand zwischen den beiden Vollerhebungen (1968 und 1987) dennoch erheblich, insbesondere wegen der Neubauten in den siebziger Jahren, und zwar um insgesamt 6,6 Millionen. Bei einem nur geringen Anstieg der Bevölkerung führte dies zwangsläufig zu einer verbesserten durchschnittlichen Wohnraumversorgung je Kopf. Diese quantitative Besserversorgung ist sowohl bei Miet- als auch bei Eigentümerwohnungen festzustellen. So standen 1987 einer Person 1,8 Räume und 36 Quadratmeter zur Verfügung, im Gegensatz zu 1,4 Räumen und 24 Quadratmetern im Jahr 1968 (Wedel, E., 1989b, S. 496), was rechnerisch einen Zuwachs von mehr als einem halben Quadratmeter pro Person und Jahr bedeutet. Hatte 1968 die durchschnittliche Wohnung 71 Quadratmeter, so waren es 1987 knapp 15 Quadratmeter mehr (Stürmer, B., 1989, S. 491). Eigentümer besitzen mit 38 Quadratmetern je Kopf im Durchschnitt 5 Quadratmeter mehr Wohnfläche als Mieter (Wedel, E., 1989b, S. 496).

Ein Teil der »wohlstandsbedingten Flächenausweitung« (Monschaw, B. v., 1989) ist auf die laufend gestiegenen Eigentümeranteile zurückzuführen. Mit dem Umzug ins Eigenheim wird eine größere Fläche nachgefragt; auch Mieterhaushalte erweitern bei steigendem Einkommen durch Umzüge ihre Flächennachfrage. Damit ist aber der Gesamteffekt noch nicht zu erklären. Hinzu kommt ein Alterseffekt in der Wohnungsnachfrage. Aufgrund der guten wirtschaftlichen Entwicklung bleiben Haushalte nach Auszug der Kinder oder nach dem Tod des Ehepartners in ihren angestammten »großen« Eigentümer- oder Mietwohnungen, was einen sofortigen Anstieg der Pro-Kopf-Nachfrage bedeutet. So beträgt die Umzugshäufigkeit überlebender Ehegatten in den ersten drei Jahren nach dem Tod des Ehepartners nur 10 Prozent (Sonderforschungsbereich 3, Report, Nr. 25/1990, S. 10f.).

Diese geringe Mobilität dürfte stark von einer Besonderheit des Wohnungsmarktes geprägt sein. Während die Mieten für Neubauwohnungen sowie die zu tragende Belastung beim Erwerb von Eigentum von den herrschenden Baupreisen und Zinsbedingungen abhängen, sind die Wohnungen in bereits bestehenden Häusern von dieser Entwicklung abgekoppelt. Sie sind in der Regel mit geringeren Kosten erstellt worden, und die Zinsbelastung, wenn überhaupt noch vorhanden, ist vergleichsweise gering. Entsprechend ergeben sich starke Mietpreis- und Belastungsdifferenzen. Folge ist, daß es in den seltensten Fällen für einen durch Tod des Ehepartners oder Auszug der Kinder verkleinerten Haushalt ökonomisch lohnend ist, aus der bisherigen Wohnung auszuziehen. Somit läßt sich sagen, daß es eine Präferenz für eine ansteigende Wohnungsgröße sowohl bei Mietern als auch bei Eigentümern gibt.

Nun noch eine Bemerkung zu regionalen Besonderheiten am Wohnungsmarkt. Der Wohnraum ist besonders in den Städten knapp, da diese wieder an Attraktivität gewonnen haben. In einer Untersuchung der Bundesforschungsanstalt für Landeskunde und Raumordnung wird bestätigt, daß Städte gerade junge Menschen im Alter bis zu 25 Jahren anziehen (Böltken, F.; Schön, K., 1989, S. 833 f.). Für die über 30jährigen hingegen bietet die Stadt zum Teil nicht die Möglichkeiten zur Verwirklichung ihrer Lebensvorstellungen, so daß Abwanderung die Folge ist. Für die untersuchten Städte bedeutet dies, daß jene nur deshalb positive Wanderungssalden aufzuweisen haben, weil die Wanderungsgewinne bei den bis zu 25jährigen die Abwanderungen der über 30jährigen überkompensieren. Der Drang ins Grüne besteht also nach wie vor, wird aber durch einen Drang in die Städte von jüngeren Erwachsenen aufgewogen, womit die Nachfrage nach Wohnungen in den Städten steigt. Die Abwanderung aus den ländlichen Regionen ist jedoch nicht so hoch, daß der Druck durch die geburtenstarken Jahrgänge dort auch nur leicht gemildert würde.

Bereits für das Jahr 1987 zeichnet sich ein Wohnungsfehlbestand ab (Hübl, L. u. a., 1988). Stark steigende Haushaltszahlen seit Mitte der achtziger Jahre und steigender Wohnflächenkonsum führen seit 1987 zu einer laufend wachsenden Wohnungsknappheit, die sich in steigenden Mieten, einer steigenden Zahl an Untermieterhaushalten, längerer Verweildauer der erwachsenen Kinder bei den Eltern und fallender Leerstandsreserve äußert.

BEVÖLKERUNGSENTWICKLUNG, WOHNUNGSPRÄFERENZEN UND WOHNUNGSBEDARF

In diese durch die geburtenstarken Jahrgänge und den gestiegenen Wohlstand angespannte Wohnungssituation fällt die Aus- und Übersiedlerwelle, die seit der Volkszählung die Bevölkerungsentwicklung in den alten Bundesländern dominiert. Schon 1988 überstieg die Zuwanderung die Abwanderung der deutschen Bevölkerung um 190 000; im Jahr 1989 kamen 377 000 Aussiedler und 344 000 Übersiedler in die alten Bundesländer und drückten den Wanderungssaldo der Deutschen auf 645 000; zusätzlich kamen 333 000 Ausländer. Damit ergab sich für 1989 ein Bevölkerungswachstum von 1,6 Prozent, was den höchsten Bevölkerungszuwachs auf dem Gebiet der alten Bundesländer seit Bestehen der Bundesrepublik bedeutet (Sommer, B.; Fleischer, H., 1991, S. 84–86). Auch 1990 lagen die Wanderungssalden höchstwahrscheinlich wieder in ähnlicher Größenordnung. Die genauen Zahlen kennen wir noch nicht, da die amtliche Statistik hinterherhinkt. Somit lebten Ende 1990 ungefähr 63,5 Millionen Menschen auf dem Gebiet der alten Bundesländer, was einer Zahl von 27,6 Millionen Haushalten entspricht. Diese Haushaltszahl zugrunde gelegt, fehlt es an rund 1 Million Wohnungen.

Untersucht man die Ursachen dafür, so läßt sich feststellen: Diese Lücke ist zur einen Hälfte auf die geburtenstarken Jahrgänge zurückzuführen – war also vorhersehbar –, zur anderen Hälfte auf die wirtschaftliche Entwicklung und die Zuwanderung.

ENTWICKLUNG BIS ZUM JAHR 2000

Wie wird sich die Bevölkerung auf dem Gebiet der alten Bundesrepublik weiterentwickeln? Welche Annahmen bezüglich Fertilität, Mortalität und Wanderungen erscheinen realistisch? Die Fertilität aller in Deutschland lebender Frauen im Alter von 15 bis 44 Jahren ist seit Mitte der sechziger Jahre stark gesunken, und zwar von 2,5 auf 1,4 Kinder je Frau (Statistisches Bundesamt, 1990, S. 61). Seit Mitte der achtziger Jahre stabilisiert sich die Geburtenhäufigkeit auf diesem Niveau. Die Fertilität der ausländischen Frauen ist zwar genau wie die der deutschen Frauen rückläufig, jedoch geht dies in wesentlich langsamerem Tempo vor sich und auch von einem höheren Niveau aus, so daß sie noch immer höher ausfällt, nämlich knapp 2 Kinder gegenüber 1,3 Kinder bei deutschen Frauen (Sommer, B., 1991, S. 32).

Im Folgenden sollen drei Studien vorgestellt werden, die die bisherige Entwicklung bis zum Jahr 2000 fortschreiben. Das DIW erwartet bis zum Jahr 2000 einen weiteren Rückgang der Geburten bei den ausländischen Frauen, und zwar zunächst auf 1,7 (1995), dann auf 1,6 (2000) Kinder. Bei den deutschen Frauen geht das Institut von einem Gleichbleiben oder einem leichten Anstieg der Fertilität auf 1,5 Kinder je Frau aus (Schulz, E., 1990, S. 96–99). Basis letzterer Variante ist die höhere Fertilität der weiblichen Aus- und Übersiedler. Insgesamt wird also gemäß DIW die Fertilität in etwa konstant bleiben. Ähnlich schätzt auch das ISP Eduard Pestel Institut für Systemforschung die Entwicklung ein: eine Senkung der Fertilität ausländischer Frauen bis 1995 auf 1,8 Kinder und Konstanz der Fertilität der deutschen Frauen (Möller, K.-P. u. a., 1990, S. 7–12). In diesem Fall ergibt sich ein ganz leichtes Absinken der Gesamtfertilität.

Das Institut der deutschen Wirtschaft (IW) dagegen erwartet einen leichten Anstieg der Fertilität aller in Deutschland lebender Frauen (Hof, B., 1990, S. 38). Die Abweichungen in den Annahmen der drei Institute sind so gering, daß man von einem Fortbestand der gegenwärtigen Fertilitätsverhältnisse ausgehen kann.

Auch bezüglich der Mortalität ist eine starke Veränderung oder gar eine Trendwende unwahrscheinlich. Die Lebenserwartung hat sich in der Bundesrepublik ständig erhöht. So ergibt ein Vergleich der Sterbetafeln von 1970/72 und 1986/88, daß die Lebenserwartung um fünf Jahre gestiegen ist: bei Männern auf 72 Jahre, bei Frauen auf 79 Jahre. Sowohl das IW als auch das ISP rechnen mit einer weiter steigenden Lebenserwartung bis zum Jahr 2000, nämlich auf knapp 73 Jahre bei Männern und auf fast 80 Jahre bei Frauen (Hof, B., 1990, S. 38; Möller, K.-P. u.a., 1990, S. 13–16).

Wesentlich ungewisser sind die Annahmen über die Zuwanderung, die aber auch bis zum Jahr 2000 der die Bevölkerungsentwicklung dominierende Faktor bleiben wird.

Als erster Schritt erscheint es sinnvoll, das Potential zumindest der deutschen Zuwanderer aus Osteuropa abzuschätzen. Etwa 2,5 bis 3,5 Millionen Deutschstämmige leben in Ost- und Südosteuropa (Schulz, E., 1990, S. 94). Die Zahl derjenigen, die sich zu einer Ausreise entschließen, wird davon abhängen, welche Fortschritte die wirtschaftlichen und politischen Reformen in diesen Ländern machen werden. Beachtet werden muß aber auch, daß allein zirka 2 Millionen Menschen des Auswanderungspotentials in der (ehemaligen) Sowjetunion leben, wo mittelfristig keine Besserung der Lebensverhältnisse wahrscheinlich erscheint, da bisher noch nicht einmal eine Einigung auf ein Reformprogramm gelungen ist, mit der Folge, daß ein massiver Abwanderungswunsch wahrscheinlich ist. Das DIW rechnet für 1990 bis 2000 insgesamt mit 1,3 Millionen Aussiedlern und in einem zweiten Szenario, unter der Annahme ungünstig verlaufender Reformprogramme, mit 1,6 Millionen (Schulz, E., 1990, S. 95). Das IW erwartet dagegen einen Wanderungssaldo von 2 Millionen Aussiedlern (Hof, B., 1990, S. 40).

Weiter sind Annahmen über die Zahl der Übersiedler, die seit dem 3. Oktober 1990 ja Binnenwanderer sind, zu treffen. Ihre Zahl schätzt das DIW bis zum Jahr 2000 auf 1,8 Millionen und in einem Szenario B sogar auf 2,3 Millionen (Schulz, E., 1990, S. 96). Hier ist das IW vorsichtiger; es erwartet lediglich 1,2 Millionen aus den neuen Bundesländern.

Betrachtet man Wanderungssalden der Deutschen insgesamt (Aussiedler plus Binnenwanderer), so liegt am unteren Ende der Schätzungen das ISP mit lediglich 1,7 Millionen deutschen Zuwanderern, am oberen Ende liegt das DIW mit seiner Variante der gescheiterten Reformen in Osteuropa und insgesamt 3,7 Millionen deutschen Zuwanderern. Realistisch ist wohl, sich bis zum Jahr 2000 auf einen positiven Wanderungssaldo an Deutschen von mindestens 2 Millionen einzustellen.

Zusätzlich ist auch eine Zuwanderung von Ausländern wahrscheinlich. Schon 1988 und 1989 kamen jeweils 300 000 Ausländer in die alten Bundesländer, bedingt durch deren anhaltend gute konjunkturelle Lage. Auch 1990 dürfte der Saldo in dieser Höhe liegen. Die Vollendung des Binnenmarktes zum 1. Januar 1993 wird die Zuwanderungsmöglichkeiten noch erleichtern. Für die nächsten zehn Jahre prognostiziert das DIW einen Wanderungssaldo in Höhe von nur 700 000, das ISP einen noch geringeren von 420 000 Ausländern. Diese Zahlen können auch viel höher ausfallen. Das zeigt die Problematik von Wanderungsschätzungen.

Welchen Bevölkerungsstand erwarten nun die verschiedenen Studien im Jahr 2000 auf dem Gebiet der alten Bundesrepublik? Die Bandbreite der Schätzungen läuft beim IW von 62,5 bis 64,6 Millionen. Damit erwartet nur die obere Variante eine Bevölkerungszunahme. Die unteren Varianten können aber als äußerst unwahrscheinlich angesehen werden. Das ISP kommt zu einer gleichen Größenordnung wie die obere IW-Variante. Die DIW-Schätzungen liegen dagegen deutlich höher: zwischen 65,7 und 66,7 Millionen Einwohnern. Alle Studien gehen davon aus, daß der höchste Zuwachs bis 1995 auftritt. Nachdem Ende 1990 bereits ein Bevölkerungsstand von 63,5 Millionen erreicht wurde, ist wohl bis zum Jahr 2000 eher mit 65 Millionen und mehr Einwohnern zu rechnen als mit weniger.

Nach der Abschätzung der Bevölkerungsentwicklung ist die der Haushaltsentwicklung der entscheidende Schritt für Wohnungsbedarfsüberlegungen. Geht man von einer Bevölkerungszunahme auf 65 Millionen aus, und nimmt man an, daß der Singularisierungstrend anhält und die durchschnittliche Haushaltsgröße leicht auf 2,1 Personen absinkt, dann wären unter Berücksichtigung einer 2,5 prozentigen Leerwohnungsreserve und von 2 Prozent Untermieterhaushalten 30,4 Millionen Wohnungen im Jahr 2000 erforderlich. Der Wohnungsbestand betrug 1987 (GWZ) 26,3 Millionen. In den Jahren 1988 bis 1990 wurden zirka 670 000 neue Wohnungen errichtet, und 210 000 gingen wahrscheinlich dem Bestand verloren, so daß der Wohnungsbestand Ende 1990 etwa bei 26,7 Millionen gelegen haben dürfte. Damit ergibt sich bis zum Ende des Jahres 2000 ein Erweiterungsbedarf von 3,7 Millionen oder jährlich 370 000 Wohnungen, zuzüglich eines jährlichen Ersatzbedarfs von rund 70 000, zusammen ein erforderliches Bauvolumen von 440 000 Wohnungen jährlich. Dies ist aber sicherlich eine eher konservative Schätzung, wie der Vergleich mit anderen Bedarfsprognosen zeigt.

Das DIW ermittelt für den gleichen Zeitraum einen Baubedarf von 4,5 Millionen oder jährlich 450 000 Wohnungen (Bartholmai, B. u. a., 1990, S. 593). Den höchsten Baubedarf aber ermittelt das Ifo-Institut mit insgesamt 4,6 Millionen Wohnungen, obwohl das Institut in seiner Studie von nur 27 Millionen Haushalten im Jahr 2000 ausgeht (Ifo, 1989, S. 6 und S. 19). Ursache für den trotz dieser Annahme sehr hohen Baubedarf sind die Erwartung eines erheblich höheren Ersatzbedarfs von allein 100 000 Wohnungen jährlich und ein deutlicher Anstieg bei den Freizeit- und Zweitwohnungen.

Eine interessante Variante der Bedarfsschätzung ergibt sich, wenn man den zwischen den beiden letzten Vollerhebungen des Gebäude- und Wohnungsbestandes ermittelten jährlichen Anstieg des Quadratmeterverbrauchs extrapoliert: Er betrug pro Person und Jahr 0,5 Quadratmeter. Selbst bei einer konstanten Bevölkerung von 63,5 Millionen (1990) würde ein Anhalten dieses Trends einen zusätzlichen Bedarf von 31,8 Millionen Quadratmetern pro Jahr bedeuten, was allein schon 318 000 Wohnungen à 100 Quadratmeter entspräche (vgl. Monschaw, B. v., 1989, S. 6). Eine anhaltende wohlstandsbedingte Flächenausweitung soll hier aber aus Vorsichtsgründen nicht weiter betrachtet werden.

BEVÖLKERUNGSENTWICKLUNG, WOHNUNGSPRÄFERENZEN UND WOHNUNGSBEDARF

Schon in den letzten Jahren blieb die Bautätigkeit hinter der Bedarfsentwicklung zurück, und auch für die folgenden Jahre ist kaum mit einem wesentlich ansteigenden Neubau zu rechnen. Der Nachfragedruck wird deshalb erst einmal weiter zunehmen. Von der Einkommensentwicklung her ist mit keiner nachhaltigen Dämpfung der Wohnungsnachfrage zu rechnen, da der Aufbau der neuen Bundesländer und die Vollendung des Binnenmarktes positive Realeinkommenssteigerungen in den alten Bundesländern erwarten lassen. Abschwächend können jedoch die steigende Steuerlast wegen der Finanzierung der deutschen Einheit und das wohl anhaltend hohe Zinsniveau wirken. Insgesamt dürfte die Wohnungslücke weiter zunehmen, das heißt die Wohnungsmarktanspannung weiter steigen, was zu überproportional anziehenden Mieten und auch Preisen für Bestandsimmobilien führen wird.

Ein Problem einer bundesweiten Bedarfsprognose ist die Vernachlässigung der regionalen Dimension des Wohnungsproblems. Eine Wohnung im Landkreis Diepholz nützt demjenigen, der sich in Stuttgart auf Wohnungssuche begibt, wenig. Hierzu einige Beispiele aus einer kleinräumigen Bedarfsprognose des ISP. Untersucht wurden die einzelnen Landkreise und kreisfreien Städte Niedersachsens. Die Bedarfslage wurde anhand mehrerer Kriterien erfaßt: zum einen mit der Bevölkerungsentwicklung, wobei besonderes Gewicht auf die über 25jährigen als potentielle Wohnungsnachfrager gelegt wurde, zum anderen mit der in den letzten Jahren aufgebauten Bedarfslücke; weiterhin mit Leerständen, Untermieterhaushalten und Bautätigkeit. Eine Rangreihenfolge läßt deutliche Unterschiede erkennen. Während die Städte Osnabrück, Salzgitter und Wolfsburg schon gegenwärtig dem stärksten Bedarfsdruck in Niedersachsen ausgesetzt sind und bis zum Jahr 2000 weiter mit einer großen Lücke rechnen müssen, sind die Landkreise Friesland, Diepholz und Cuxhaven am unteren Ende der Skala zu finden und werden wohl auch bis zum Jahr 2000 einen relativ ausgeglichenen Wohnungsmarkt haben. So ermittelt das ISP zum Beispiel für Salzgitter 1990 eine Bedarfslücke von zirka 7500 Wohnungen; im Landkreis Cuxhaven fehlen dagegen noch nicht einmal 100 Wohnungen. Gleichzeitig hat sich die Bautätigkeit in Salzgitter zwar seit 1987 fast verdreifacht, ist aber mit etwas über 300 neuen Wohnungen (1990) immer noch viel zu gering, um die Wohnungsknappheit zu mildern.

WOHNUNGSPOLITIK

Nach diesem Befund drängt sich die Frage nach der zu ergreifenden Wohnungspolitik auf. Diese steht vor der doppelten Aufgabe, einerseits die Bedarfslücke zu schließen und jedem Haushalt eine Wohnung zu ermöglichen, andererseits für die einkommensschwachen Haushalte preiswerten Wohnraum bereitzustellen. Auf den ersten Blick scheint der soziale Wohnungsbau dieser doppelten Aufgabe gewachsen zu sein. Der Staat fördert den Bau von Wohnungen und legt gleichzeitig eine Mietobergrenze fest, die unterhalb des Marktniveaus liegt, und behält sich die Belegung vor. An dieser scheinbaren Einfachheit liegt es vielleicht, daß auch jetzt wieder in den Beschlüssen der Bundesregierung zur Wohnungspolitik der soziale

Wohnungsbau sich durchgesetzt hat (Bartholmai, B., 1990, S. 28–31), obwohl gerade er eindeutig mit schweren Mängeln behaftet ist, wie Herr Schneider im Einführungsreferat eindrücklich dargelegt hat. Einmal führt der soziale Wohnungsbau zu steigenden Kosten, da der Bauherr unabhängig von seinen Baukosten mit einer Subventionierung rechnen kann (Albers, W., 1981, S. 528). Aber auch die Verteilungswirkungen sind negativ zu beurteilen (Albers, W., 1981, S. 527). Geprüft wird der Anspruch auf eine Sozialwohnung nur bei Einzug. Später wird – und dies auch nur in relativ seltenen Fällen – eine Fehlbelegungsabgabe von bis zu 2 DM pro Quadratmeter fällig. Daraus folgt, daß viele Haushalte, obwohl sie längst keinen Anspruch mehr auf eine Sozialwohnung haben, Wohnungen für wirklich Bedürftige blockieren. Trotz dieser Schwächen befindet sich der soziale Wohnungsbau, wie erwähnt, wieder im Maßnahmenkatalog. Nachdem die Bundes- und Landesmittel 1988 auf zirka 3,7 Milliarden DM Förderung für den sozialen Wohnungsbau heruntergefahren wurden, ist vorgesehen, jährlich bis 1993 rund 10 Milliarden DM aufzuwenden. Beabsichtigt ist, damit jährlich 120 000 Wohnungen zu finanzieren; das entspricht einem kalkulierten Finanzierungsaufwand von 80 000 DM pro Wohnung. Es ist aber davon auszugehen, daß selbst dieser Betrag nicht ausreicht, sondern daß mit 100 000 bis 120 000 DM pro Wohnung Finanzierungsaufwand gerechnet werden muß (Bartholmai, B., 1990, S. 32). Damit könnten dann nur noch 80 000 Wohnungen jährlich gefördert werden. Bei der angespannten Haushaltslage der Länder ist es darüber hinaus unwahrscheinlich, daß das Volumen von 10 Milliarden DM Förderung realisiert wird.

Bei diesem hohen Mitteleinsatz bleibt zu fragen, ob nicht die Eigentumsförderung ein sinnvollerer Weg ist, um die erforderlichen Neubauzahlen auszulösen. Eine Befragung der SMH-Schleypen Marktforschung Hannover von Mieterhaushalten hat ergeben, daß bei einem erheblich geringeren finanziellen Anreiz in Höhe von 30 000 DM auch Haushalte, die bisher nicht planten, Wohneigentum zu bilden, dazu bewegt werden können (SMH-Schleypen Marktforschung Hannover; LBS, 1989, S. 31–44). Bei dieser Umfrage waren dies immerhin 2,2 Prozent aller Mieterhaushalte, die zusätzlich Nachfrage nach Wohnungseigentum bewirken würden. Unter Berücksichtigung, daß diese Nachfrage sich zum Teil auf Gebrauchtimmobilien richtet, wären 1 Prozent aller Mieterhaushalte bereit, neues Wohneigentum zu schaffen. Übertragen auf den bundesrepublikanischen Wohnungsmarkt, entspricht dies 150 000 Mieterhaushalten jährlich (Hübl, L. u. a., 1989).

Würden dadurch aber auch Mietwohnungen frei? Eine neuere Befragung untersuchte folgerichtig, ob durch diese Eigentumsbildung der Wohnungsmarkt nennenswert entlastet wird (SMH-Schleypen Marktforschung Hannover, 1991). Diese Untersuchung des niedersächsischen Wohnungsmarktes anhand von 600 Bausparern, die in den letzten drei Jahren Wohneigentum gebildet haben, ergab, daß 64 Prozent der Befragten dem Mietwohnungsmarkt direkt eine Wohnung zur Verfügung stellten. Die restlichen Wohnungen wurden hälftig innerhalb der Familien weiter genutzt oder als Eigentumswohnung verkauft. Die freigemachten Wohnungen waren in hohem Maße geeignet, Wohnraum für relativ einkommensschwache Familien mit Kindern zu bieten, da die durchschnittliche Größe bei 85 Quadratmetern und der Quadratmeter-Mietpreis bei 6,80 DM lag. Geht man von den oben errechneten 150 000 Mieterhaushalten aus, die bei Förderung bereit wären, zusätzlich neues Wohneigentum zu bilden, dann würden insgesamt pro Jahr rund 100 000 (entspricht 64 Prozent) Mietwohnungen frei werden. Hieraus folgt, daß bei vergleichsweise geringem Finanzaufwand in großem Umfang der Mietwohnungsmarkt entlastet werden könnte.

Lassen Sie mich mit einem Satz schließen:

Die Eigentumsförderung erscheint insgesamt gesehen als geeigneter Weg, um sowohl den Bedarfsdruck am Wohnungsmarkt zu mindern, als auch, um einkommensschwachen Familien über Sickereffekte Mietwohnungen frei zu machen.

LITERATURVERZEICHNIS

Albers, Willi: Wohnungspolitik II: Wohnungsversorgung, in: Albers, W. u.a. (Hg.): Handwörterbuch der Wirtschaftswissenschaft, Bd. 9, Stuttgart u.a. 1981, S. 516–533

Bartholmai, Bernd: Wohnungsbau 1989 und 1990: Förderung nicht ausreichend, in: DIW-Wochenbericht, 57(1990), Heft 3, S. 27–35

Bartholmai, Bernd/Melzer, Manfred/Schulz, Erika: Privathaushalte und Wohnungsbedarf in Deutschland bis zum Jahr 2000, in: DIW-Wochenbericht, 57(1990), Heft 42, S. 591–598

Böltken, Ferdinand/Schön, Karl Peter: Zur Entwicklung und Struktur von Städten in der Bundesrepublik Deutschland/Aktuelle Befunde aus der Innerstädtischen Raumbeobachtung, in: Informationen zur Raumentwicklung, 1989, Heft 11/12, S. 823–843

Hof, Bernd: Gesamtdeutsche Perspektiven zur Entwicklung von Bevölkerung und Arbeitskräfteangebot 1990 bis 2010, Köln: Deutscher Instituts-Verlag 1990

Hübener, Jochen A.: Deutliche Zunahme der Bauproduktion, in: DIW-Wochenbericht 58(1990), Heft 16, S. 201–207

Hübl, Lothar/Hohls-Hübl, Ulla/Möller, Klaus-Peter/Günther, Matthias: Im Spannungsfeld zwischen Überangebot und Übernachfrage – Der Wohnungsmarkt an der Schwelle der 90er Jahre, LBS-Schriftenreihe Band 11, Hannover 1988

Hübl, Lothar/Hohls-Hübl, Ulla/Möller, Klaus-Peter: Mieterhaushalte an der Schwelle zur Eigentumsbildung/Ein wirksamer Weg zur Schließung der Versorgungslücke am Wohnungsmarkt, LBS-Schriftenreihe Band 12, Hannover 1989

IfO-Institut für Wirtschaftsforschung: Baubedarf/Perspektiven bis 2000/Zusammenfassung der Ergebnisse/Gutachten im Auftrag der Deutschen Bauindustrie e.V., München 1989

Kaiser, Joachim: Wohnungsmieten privater Haushalte im Januar 1988/Ergebnisse der Einkommens- und Verbrauchsstichprobe, in: Wirtschaft und Statistik, 1990, S. 263–270

Möller, Klaus-Peter/Damberger, Sven/Gügel, Helga/Schasse, Erich: Regionale Entwicklung von Bevölkerung, Haushalten und Erwerbstätigkeit in Niedersachsen bis 2000/Prämissen, Szenarien und Ergebnisse für die Modellrechnungen, Hannover: ISP Eduard Pestel Institut für Systemforschung (Selbstverlag) 1990

Monschaw, Bernd von: Zukunftsperspektiven des Wohnungsmarktes, Redemanuskript, Ludwigsburg 1989

Münchener Institut für Markt-, Regional- und Wirtschaftsforschung: Wertentwicklung von Wohn- und Gewerbeimmobilien in ausgewählten Großstädten im Zeitraum 1975–1990, München 1990

Ring Deutscher Makler e.V. (Hg.): RDM-Immobilienpreisspiegel, o.O.: verschiedene Jahrgänge

Schulz, Erika: Szenarien der Bevölkerungsentwicklung in der Bundesrepublik Deutschland, in: DIW-Wochenbericht, 57(1990), Heft 8, S. 93–102

SMH-Marktforschung Hannover: Mieterhaushalte an der Schwelle zur Eigentumsbildung, Hannover 1989

SMH-Marktforschung Hannover: Analyse von Sickereffekten im Wohnungsbau, erstellt im Auftrag der Landesbausparkasse Hannover, Hannover 1991

Söffner, Frank: Hochkonjunktur in der Bauwirtschaft, in: Wirtschaftskonjunktur, 42(1990), Heft 8, S. A1–A10

Sommer, Bettina: Eheschließungen, Geburten und Sterbefälle, in: Wirtschaft und Statistik, 1991, Heft 1, S. 28–32

Sommer, Bettina/Fleischer, Henning: Bevölkerungsentwicklung 1989, in: Wirtschaft und Statistik, 1991, S. 81–88

Sonderforschungsbereich 3: report Nr. 25/Dezember 1990, S. 10–11

Statistisches Bundesamt (Hg.): Statistisches Jahrbuch für die Bundesrepublik Deutschland, Stuttgart/Mainz: Kohlhammer; ab 1989: Stuttgart: Metzler-Poeschel, verschiedene Jahrgänge

Statistisches Bundesamt (Hg.): Fachserie 5: Bautätigkeit und Wohnungen/Reihe S. 1: Baustatistische Reihen 1970 bis 1986, Stuttgart/Mainz: Kohlhammer 1987

Statistisches Bundesamt (Hg.): Wirtschaft und Statistik, 1991, Nr. 3, S. 113

Stürmer, Bernd: Größe und Ausstattung der Wohnungen 1987/Ergebnis der Gebäude- und Wohnungszählung, in: Wirtschaft und Statistik, 1989, S. 490–492

Wedel, Edgar: Haushalte 1987/Methode und Ergebnis der Volkszählung, in: Wirtschaft und Statistik, 1989a, S. 273–276

Wedel, Edgar: Wohnraumversorgung der Haushalte 1987/Ergebnis der Gebäude- und Wohnungszählung, in: Wirtschaft und Statistik, 1989b, S. 493–498

Würzberger, Paul/Wedel, Edgar: Erste Ergebnisse der Volkszählung 1987, in: Wirtschaft und Statistik, 1988, S. 829–836

MINISTERIALRAT DR. REINHARD ALTENMÜLLER,
BADEN-WÜRTTEMBERG
KONZEPTIONELLE ÜBERLEGUNGEN ZUR WOHNUNGSBAU-
POLITIK AUS DER SICHT EINES LANDES

AUSGANGSSITUATION

Ist die Wohnungsversorgung der gesamten Bevölkerung nicht mehr ausreichend gesichert, dann besteht die Gefahr gesellschaftlicher Verwerfungen. Dies müssen wir alle bei einer Diskussion über wohnungspolitische Konzeptionen bedenken.

Die politischen Veränderungen der vergangenen drei Jahre in Europa und in Deutschland haben Bund und Länder im Bereich der Wohnungsversorgung vor riesige Aufgaben gestellt, die es so rasch wie möglich zu bewältigen gilt. Die Überwindung der Nachkriegsepoche in Europa, vor allem die Wiedervereinigung Deutschlands, hat nicht nur alte Probleme gelöst, sie hat mancherlei neue Probleme mit sich gebracht. Dabei sind diese Probleme in den alten und den neuen Bundesländern recht unterschiedlich, auch wenn das Ziel einer angemessenen Sicherung der Wohnungsversorgung in allen Ländern dasselbe bleibt.

In den neuen Bundesländern ist der Übergang von der Planwirtschaft zur sozialen Marktwirtschaft endgültig zu vollziehen. Am Beispiel des Wohnungswesens auf dem Gebiet der früheren DDR werden die Folgen jahrzehntelanger Mißwirtschaft besonders deutlich. Die Bausubstanz ist von baulichen Mängeln geprägt, die Privatinitiative wurde weitgehend zerstört. Es gilt hier, die gesamte Wohnungswirtschaft umzugestalten und die qualitativen Probleme der Bausubstanz zu bewältigen.

In den alten Bundesländern befindet sich der Wohnungsbestand zwar global betrachtet in einem qualitativ guten Zustand. Hier stehen wir aber vor der Aufgabe, eine mit dem vorhandenen Wohnungsbestand bei weitem nicht abgedeckte Nachfrage nach Wohnraum zu decken. Neben den weiter steigenden Wohnansprüchen der einheimischen Bevölkerung stellen die Hunderttausende von Zuwanderern aus Osteuropa unseren Wohnungsmarkt auf eine harte Belastungsprobe. Auch in den nächsten Jahren werden wir noch mit einem Anhalten der Zuwanderung aus Osteuropa – wenn auch in geringerem Umfang als jetzt – zu rechnen haben.

Wie sehr sich infolge dieser Wanderbewegungen der Wohnungsmarkt der Bundesrepublik verengt hat, läßt sich mit einigen Zahlen aus Baden-Württemberg belegen. Noch vor wenigen Jahren war die Situation des Wohnungsmarktes in Baden-Württemberg insgesamt gesehen gut. In den siebziger und achtziger Jahren haben wir mehr zusätzliche Wohnungen gebaut, als die Zahl der Haushalte gewachsen ist: Einem durchschnittlichen jährlichen Zuwachs von 45000 Haushalten stand ein Wohnungszuwachs von 59000 Wohnungen gegenüber. Diese günstige Entwicklung der Wohnungsversorgung, verbunden mit einer qualitativen Verbesserung durch Modernisierungen, hat dazu geführt, daß wir vor etwa fünf Jahren erstmals nach dem Zweiten Weltkrieg – abgesehen von einigen lokalen Bedarfsschwerpunkten – einen im wesentlichen ausgeglichenen Wohnungsmarkt hatten.

Seit 1987 hat jedoch die Bevölkerungsentwicklung einen von niemandem vorhergesehenen Schub erlebt. In Baden-Württemberg haben wir inzwischen den höchsten Bevölkerungsstand in der Geschichte unseres Landes erreicht. Seit der Volkszählung 1987, also innerhalb von rund vier Jahren, ist unsere Einwohnerzahl um mehr als 500 000 Personen angestiegen. Allein in der Region Mittlerer Neckar betrug der Zuwachs bis Ende September vergangenen Jahres rund 116 000 Einwohner. Innerhalb dieser Zeitspanne hat sich die Einwohnerzahl stärker erhöht als zuvor innerhalb von siebzehn Jahren, das heißt von 1970 bis 1987.

Der Einwohnerzuwachs um über 500 000 Personen in Baden-Württemberg ergibt bei einer durchschnittlichen Haushaltsgröße von 2,3 Personen die zusätzliche Zahl von knapp 218 000 neuen Haushalten; dies sind jährlich rund 60 000 neue Haushalte. Allein in der Region Mittlerer Neckar ist die Zahl der Haushalte von 1987 bis Ende September 1990 um rund 50 600 gestiegen.

Was die Situation für uns verschärft, ist die Tatsache, daß die Wanderbewegungen in die Bundesrepublik mit sozialen Veränderungen innerhalb unserer Bevölkerung und mit verschiedenen Folgen unseres einzigartigen Wohlstands zusammentreffen. Der Trend zum Kleinhaushalt, vor allem zum Einpersonenhaushalt, wächst weiter. Die zeitlich frühere Verselbständigung unserer Kinder wirkt sich ebenso auf dem Wohnungsmarkt aus wie die höhere Lebenserwartung unserer Senioren. Die geburtenstarken Jahrgänge kommen in die Phase der Eheschließung und Haushaltsgründung. Dazu nur eine Zahl für Baden-Württemberg: In den letzten Jahren sind jährlich durchschnittlich 35 000 neue Haushalte allein wegen dieser Gründe hinzugekommen. Was aber langfristig noch gravierender ist: Die Ansprüche an die Wohnungen werden als Folge unseres Wohlstands immer größer. 1968 betrug die Wohnfläche je Person noch 24 Quadratmeter, 1987 bereits 35 Quadratmeter. In der Schweiz beträgt sie inzwischen nahezu 50 Quadratmeter je Person. Allein dieser Hinweis auf die Schweizer Verhältnisse verdeutlicht, daß auch bei einem Nachlassen der Zuwanderung für die Länder das Problem der Wohnungsversorgung nicht von selbst sich in Wohlgefallen auflöst, sondern daß wir bei einem anhaltenden Wohlstand in der Wohnungspolitik weiterhin unruhige Zeiten vor uns haben.

Eine dynamisch wachsende Nachfrage nach Wohnraum wäre politisch zu verkraften, wenn die Wohnungsbauleistung in etwa parallel zu ihr verlaufen würde. Dies ist in Baden-Württemberg wie auch in den anderen Bundesländern bisher leider nicht der Fall. Seit 1987 hat sich die Schere zwischen Nachfrage und Neubau immer mehr geöffnet. Bundesweit ist inzwischen ein riesiger Fehlbestand an Wohnungen aufgelaufen. Der Deutsche Mieterbund schätzt ihn für ganz Deutschland auf 2,5 bis 2,7 Millionen Wohneinheiten, andere Schätzungen liegen etwas darunter. Auch wenn niemand die genauen Zahlen kennt und auch nicht jeder Wunsch nach mehr Wohnraum befriedigt werden muß, ist heute unstreitig, daß wir eine umfassende Ausweitung des Wohnungsangebots – also mehr neue Wohnungen – und eine bessere Nutzung des Wohnungsbestands brauchen.

KONZEPTIONELLE ÜBERLEGUNGEN ZUR WOHNUNGSBAUPOLITIK

KONZEPTION DES LANDES BADEN-WÜRTTEMBERG

In erster Linie muß man sich konzeptionell darauf einrichten, so rasch wie möglich die Bauleistung zu erhöhen und den Nachfragedruck durch Schaffung von mehr Wohnungen zu lindern. Natürlich mag bei weiterer dynamischer Entwicklung dieses Konzept insofern unbefriedigend erscheinen, als damit die Ursachen der Bedarfssteigerungen auch für die Zukunft nicht beseitigt sind. Es liegt nahe zu fordern, diese Ursachen anzugehen. Dies wird uns aber nicht oder nur in sehr begrenztem Maß gelingen können. Wir können nicht einfach die Grenzen für deutschstämmige Aussiedler aus dem Osten schließen. Wir können auch den sogenannten Wohlstandsbedarf qualitativer und quantitativer Art nicht einfach ignorieren. Es bleibt also das Konzept, das Mengenproblem auf dem Wohnungsmarkt zu lösen, indem das Wohnungsangebot ausgeweitet wird.

Bei der Verfolgung des Ziels, für eine Ausweitung des Wohnungsangebots zu sorgen, haben Bund und Länder in den vergangenen drei Jahren deutliche Schwerpunkte gesetzt und auch einige Erfolge erzielt. So ist in Baden-Württemberg auf die hohen Zugangszahlen der Aus- und Übersiedler sofort mit neuen Programmen und einer Verdreifachung der Fördermittel gegenüber 1988 reagiert worden. Wir haben das Ganze zu einem mehrjährigen Gesamtpaket geschnürt, auf das ich nachher im einzelnen eingehen werde. Wir wollen damit zuverlässige Rahmenbedingungen für Bauherren, Investoren und die Bauwirtschaft schaffen. Folgende Einzelteile hat die Konzeption des Landes im wesentlichen:

Erstens: Ankurbelung des Wohnungsbaus durch verstärkte direkte finanzielle Förderungen.

Zweitens: Verstärkung von steuerlichen Anreizen, insbesondere die Lenkung von Privatkapital in den Wohnungsbau.

Drittens: Verstärkung der Baulandbereitstellung.

Viertens: Schaffung neuer, größerer Siedlungseinheiten.

Fünftens: Verbesserung der Bestandsnutzung.

Sechstens: Eine investitionsfreundliche Nutzung des vorhandenen rechtlichen Instrumentariums.

Bei der Ausfüllung dieser einzelnen zunächst auf eine quantitative Ausweitung des Wohnungsbaus ausgerichteten Komponenten unserer Konzeption darf man nie vergessen, daß wir die Wohnungsversorgung nicht nur abstrakt zahlenmäßig lösen müssen. Bei der Verbesserung und Ausweitung des Wohnungsangebots durch die Schaffung neuer Wohnungen und durch bessere und intensive Nutzung des Bestands geht es immer auch darum, die mit der Verengung des Wohnungsmarktes zusammenhängenden sozialen Probleme zu lösen.

Gerade einkommensschwächere Familien – insbesondere mit mehreren Kindern – tun sich gegenwärtig auf dem Wohnungsmarkt immer schwerer, den für sie bezahlbaren Wohnraum zu finden. Dies gilt auch für andere Bevölkerungsgruppen, wie beispielsweise Alleinerziehende mit Kindern, denen es vor allem im Ballungsraum kaum mehr gelingt, auf dem Wohnungsmarkt fündig zu werden. Es ist nicht allein damit getan, einer breiteren und zunehmend besser verdienenden Bevölkerungsgruppe dabei zu helfen, Wohnungseigentum zu bilden. Obwohl eine Förderung der Eigentumsbildung sicherlich in großem Maße dazu beiträgt, Mietwohnungen wieder dem Wohnungsmarkt zuzuführen, so gehen doch vielfach die einkommensschwächeren Bevölkerungsgruppen bei der Wiedervermietung dieser frei gewordenen Mietwohnungern leer aus. Der Prozentsatz derer, die sich auf dem Wohnungsmarkt mangels finanzieller Möglichkeiten äußerst schwertun, läßt sich zwar nicht genau beziffern, er wird jedoch, wie die Erfahrung zeigt, ständig größer. Das Konsumgut Wohnraum verhält sich in der sozialen Marktwirtschaft wie jedes andere Konsumgut auch: Übersteigt die Nachfrage das Angebot, so steigen die Preise, hier die Mietpreise. Die Folge ist, daß diejenigen, die sich diese Mietpreise kaum oder nicht mehr leisten können, von dieser Entwicklung am stärksten betroffen werden. Eine verantwortungsvoll angelegte Wohnungspolitik darf diese Aspekte sowohl bei der Art und Weise der finanziellen Förderung als auch bei der Ausgestaltung und Nutzung des restlichen Instrumentariums nie aus den Augen verlieren.

UNTERSCHIEDLICHE AUFGABENSTELLUNG IN DEN NEUEN UND ALTEN BUNDESLÄNDERN

Die hier stichwortartig dargestellten Einzelkomponenten zur Bewältigung der Probleme sind in der Bundesrepublik inzwischen weithin Allgemeingut. Wie diese Komponenten umgesetzt werden, wird dagegen durchaus je nach Problemlage, aber auch nach politischem Standort der jeweiligen Landesregierung unterschiedlich gesehen. Gravierende Besonderheiten gibt es wegen der speziellen Problemlage vor allem in den neuen Bundesländern. Dort geht es vorrangig darum, die bisherige Wohnungswirtschaft umzustrukturieren und auf eine tragfähige Basis zu stellen sowie den schlechten Zustand des Wohnungsbestands wesentlich zu verbessern. Es werden in den kommenden Jahren umfassende Finanzprogramme durchgeführt werden müssen, damit dieses Ziel erreicht wird. Vor allem ist die Ertragsseite der Wohnungswirtschaft wesentlich zu verbessern. Da die Eigentümer des vorhandenen Wohnungsbestands, vor allem die kommunalen Gesellschaften, vielfach wirtschaftlich nicht in der Lage sein werden, den Wohnraum auf einen bedarfsgerechten und den heutigen Nutzungsansprüchen entsprechenden Standard zu bringen, muß es mittel- und längerfristig gelingen, den Bestand an Wohnungen zumindest teilweise zu privatisieren. Dabei sind noch etliche Hürden zu nehmen; ich nenne nur die vielfach unklaren Eigentumsverhältnisse oder die oftmals kaum abschätzbaren Sanierungskosten.

Im Vergleich zu den Problemen der neuen Bundesländer mag der Lösungsansatz in den westlichen Bundesländern, der in erster Linie auf eine Ausweitung des Wohnungsbestands ausgeht, auf den ersten Blick relativ einfach zu bewältigen sein. In der politischen Realität stoßen wir hier aber auf erhebliche Grenzen, die insbesondere in den fehlenden finanziellen Ressourcen liegen. Auch muß die wohnungsbaupolitische Konzeption die allgemeinen Rahmenbedingungen beachten. Baden-Württemberg hat seine Konzeption zunächst mittelfristig angelegt, auf einen Planungszeitraum von vier Jahren. Grundlage dieser Konzeption ist es, daß wir

KONZEPTIONELLE ÜBERLEGUNGEN ZUR WOHNUNGSBAUPOLITIK

in den nächsten vier Jahren 280 000 Wohnungen, also durchschnittlich 70 000 Wohnungen pro Jahr, in Baden-Württemberg zusätzlich erhalten. Wir halten an dieser Zielvorstellung weiterhin fest, auch wenn ihre Realisierung angesichts der ungünstigen Rahmenbedingungen, wie der hohen Bau- und Finanzierungskosten, schwierig ist. Die hohe Zahl der Baugenehmigungen im Jahr 1990, in dem über 85 000 Wohneinheiten neu genehmigt worden sind, sowie die weitere Entwicklung der Baugenehmigungszahlen im Jahr 1991 zeigen, daß die Zielsetzung der Landesregierung nicht zu hoch angesetzt ist, auch wenn die Baufertigstellungen noch spürbar nachhinken. Im einzelnen halten wir in den kommenden Jahren folgendes für geboten: Wir müssen den sozialen Wohnungsbau auf hohem Niveau fortführen. Dies ist geboten, damit es gelingt, zusätzlichen preisgünstigen Wohnraum für einkommensschwächere Bevölkerungsgruppen, vor allem auch für junge Familien und Familien mit mehreren Kindern, zu schaffen. Aus diesem Grund sind die Mittel seit 1988 in Baden-Württemberg innerhalb von drei Jahren um ein Dreifaches angehoben worden, nämlich 1990 auf rund 750 Millionen DM, 1991 auf 863 Millionen DM. Im Nachtragshaushalt 1991, der in den nächsten Tagen vom Landtag verabschiedet wird, werden die Haushaltsansätze für 1991 so verbessert, daß das Bewilligungsvolumen gehalten werden kann, und dies trotz der Kürzung der Bundesmittel wegen der Umschichtung von Mitteln in die neuen Bundesländer. Auch 1992 werden wir das Bewilligungsvolumen von 863 Millionen DM beibehalten. Dazu werden die Haushaltsansätze im Nachtrag um 100 Millionen DM aufgestockt.

BESONDERER BEDARF IM MIETWOHNUNGSBAU

Bei der Ausgestaltung der Landeswohnungsbauprogramme müssen wir den besonderen Bedarf an preisgünstigen Mietwohnungen sehen. Überwiegend setzen wir derzeit die Mittel im Mietwohnungsbau ein, da hier für die einkommensschwächeren Bevölkerungsgruppen die größten Probleme bestehen. 1991 wollen wir von den insgesamt im sozialen Wohnungsbau geförderten 16 700 Wohnungen 9 200 Wohnungen als Mietwohnungen fördern. Um eine möglichst hohe Stückzahl an Wohneinheiten zu erreichen, haben wir den Bindungszeitraum der Wohnungen auf zehn Jahre verkürzt und die Fördersätze so knapp ausgelegt, daß in vielen Fällen – insbesondere wenn steuerliche Vorteile von Investoren nicht genutzt werden können – eine kommunale Mitfinanzierung zur Umsetzung des Programms notwendig wird. Wir sehen den sozialen Wohnungsbau als gemeinsame Aufgabe von Bund, Ländern und Kommunen. Die Situation des Landeshaushalts wird es auch in den kommenden Jahren nicht erlauben, die Förderung so großzügig auszugestalten, daß sich eine kommunale Mitfinanzierung erübrigt.

KONZEPTIONELLE ÜBERLEGUNGEN ZUR WOHNUNGSBAUPOLITIK

EIGENTUMSFÖRDERUNG ALS SCHWERPUNKT

Ein besonderes Gewicht legen wir weiterhin auf den Bereich der Eigentumsförderung. 1991 sollen konzeptionell 7500 Eigentumsmaßnahmen im Landeswohnungsbauprogramm gefördert werden. Angesichts der den Wohnungsbau behindernden Rahmenbedingungen sehen wir uns in diesem Sektor besonderen Schwierigkeiten ausgesetzt. Wir werden hier konzeptionell die Mittel im Einzelfall wesentlich verstärken müssen, soll es nicht zu bleibenden Einbrüchen kommen. Es wurden daher bereits im Programm 1991 die Fördertatbestände ausgeweitet, indem wir auch die Zielgruppe der Familien mit einem Kind und die junge Familie ohne Kind dem Landeswohnungsbauprogramm zugänglich gemacht haben. Mit dem Sonderprogramm »Junge Familie« wollen wir jungen Ehepaaren und Familien den Schritt zum Wohneigentum erleichtern.

Die Landesregierung beabsichtigt, ihre Bemühungen um die jungen Familien durch die Auflegung eines Wohnungsbaufonds in den kommenden Jahren noch zu verstärken. Zwar sind die Einzelheiten dieses Fonds noch nicht ganz geklärt. Gespeist wird er aus dem Erlös bei einer Veräußerung von Landesvermögen. Wir rechnen mit einem jährlichen Ertrag des Fonds in Höhe von 40 bis 50 Millionen DM. Dieser Betrag wird dann zusätzlich zum Landeswohnungsbauprogramm zur Förderung von Eigentumsmaßnahmen zur Verfügung stehen.

Eine wichtige Hilfe bei der Schaffung von Wohneigentum sehen wir in der Bausparförderung. Das Ende 1989 von Bund und Ländern finanzierte Bausparzwischenfinanzierungsprogramm hat es uns ermöglicht, im vergangenen Jahr weit über 15000 Maßnahmen in Baden-Württemberg zu unterstützen. Wir halten es für wichtig, in begrenztem Umfang diese Förderung fortzuführen. Leider war der Bund bisher dazu nicht bereit. Wir sehen daher im Nachtrag zum Landeshaushalt 1991 ein landeseigenes Programm zur flankierenden Unterstützung des sozialen Wohnungsbaus mit einem Volumen von 20 Millionen DM vor. Mit diesem Finanzvolumen können wir rund 3000 Fälle in den kommenden Monaten fördern. Angesichts des begrenzten Volumens dieses Programms werden wir es allerdings nicht flächendeckend einsetzen können, sondern es als flankierende Maßnahme zum sozialen Wohnungsbau auf junge Familien mit bestimmten Einkommen begrenzen.

SONSTIGE ANSÄTZE DIREKTER FÖRDERUNG

Als letzte Beispiele für eine direkte Subventionierung des Wohnungsbaus möchte ich schließlich die Städtebauförderung und die Dorfentwicklung erwähnen. Wir haben diese Förderbereiche wohnungsbezogen ausgerichtet. Auch die Schaffung von Wohnraum im Bestand wird in diesen Programmen unmittelbar durch Finanzhilfen spürbar unterstützt.

Natürlich würden wir gerne sehr viel mehr Finanzmittel im Wohnungsbau einsetzen und durch direkte Subventionen den Wohnungsbau unterstützen. Leider fehlen dem Land dazu aber die notwendigen Haushaltsmittel. Insbesondere können allgemeine Zinsverbilligungsprogramme, wie sie zum Teil gefordert werden, weder vom Bund noch von den Ländern finanziert werden. Generell muß man daher bestrebt sein, den allgemeinen Wohnungsbau über das Steuerrecht wirksam anzukurbeln.

STEUERLICHE FÖRDERUNG

Dem Steuerrecht und damit der steuerlichen Förderung kommt eine herausragende Bedeutung bei der Bildung von Wohneigentum zu, nicht nur in Baden-Württemberg. Der Bund hat im Steueränderungsgesetz 1991 einige deutliche Verbesserungen vorgenommen. Danach wird der Sonderausgabenabzug nach Paragraph 10e Einkommensteuergesetz (EStG) auf 16 500 DM angehoben und das Baukindergeld auf 1000 DM erhöht. Baden-Württemberg hat diesen Schritt schon lange gefordert und begrüßt deshalb diese Maßnahmen. Dies ist ein Schritt in die richtige Richtung, weitere Maßnahmen müßten aus der Sicht des Landes allerdings noch folgen. Besonders wichtig wären Regelungen, die sicherstellen, daß auch Geringerverdienende sowie insbesondere Familien mit Kindern in vollem Umfang die Förderbeträge erhalten könnten. Die Diskussion darüber ist mit dem Steueränderungsgesetz nicht beendet. Allerdings besteht die Gefahr, daß mit der gleichzeitig geführten Diskussion über den Subventionsabbau auch Einschnitte in der steuerlichen Förderung des Wohneigentums erfolgen. Die Wohnungsbaupolitiker sollten darauf achten, daß mögliche Veränderungen des Steuerrechts nicht zur Einsparung von Haushaltsmitteln führen, sondern daß diese Beträge wieder im Wohnungsbau eingesetzt werden. Wir können auf steuerliche Entlastungen für das Wohneigentum nicht verzichten. Daher wäre beispielsweise auch ein Schuldzinsenabzug, wie wir ihn früher einmal befristet hatten, wünschenswert. Leider hat unsere Forderung beim Bund insoweit bisher keinen Eingang gefunden.

Die steuerliche Förderung des Wohnungsbaus ist nicht nur bei eigengenutztem Wohnraum von Bedeutung, sie spielt auch bei der Eigentumsbildung im Bereich des Mietwohnungsbaus eine große Rolle. Hierdurch wird ein starker Anreiz geschaffen, privates Kapital in den Wohnungsbau zu investieren und damit Eigentum zu bilden. Eigentumsbildung zur Schaffung von Wohnraum ist als Geld- und Kapitalanlage ein Faktor, auf den die Wohnungspolitik in den kommenden Jahren verstärkt angewiesen sein wird. Hieraus wurden bereits Konsequenzen gezogen. So wurden die steuerlichen Bedingungen für Investitionen im Mietwohnungsbau Anfang des Jahres 1989 erheblich verbessert (Paragraph 7 Absatz 5 EStG); noch günstigere Abschreibungsregelungen gibt es für solche Bauherren, die eine neue Wohnung mindestens zehn Jahre lang an Personen mit geringem Einkommen vermieten (Paragraph 7k EStG). Unter Berücksichtigung der steuerlichen Aspekte ist auch heute die Schaffung von Wohnraum für private Anleger durchaus attraktiv. Dementsprechend wird inzwischen ein erheblicher Teil der im sozialen Mietwohnungsbau errichteten Wohnungen von Kapitalanlegern errichtet.

KONZEPTIONELLE ÜBERLEGUNGEN ZUR WOHNUNGSBAUPOLITIK

MOBILISIERUNG VON BAULAND

Bauen benötigt nicht nur viel Geld, zum Bauen benötigt man auch Bauland. Eine der Hauptaufgaben der öffentlichen Hand wird in den kommenden Jahren darin bestehen, das für die Wohnraumversorgung erforderliche Bauland bereitzustellen. Dabei müssen Zielkonflikte, wie es sie bei der Nutzung von Grund und Boden gibt, nach Möglichkeit zugunsten des Wohnungsbaus gelöst werden. Landes- und Regionalplanung muß die Bedarfssituation nicht nur zur Kenntnis nehmen, sondern sie muß auch zu ihrer Bewältigung beitragen. Die Gemeinden müssen ihre Bauleitplanung entsprechend ausrichten. Vielfach wird über Verfahrensfragen gestritten. Sicher sind rasche Verfahrenswege notwendig, vor allem aber ist es notwendig, daß auch die Bereitschaft besteht, vorhandene Reserven bauleitplanerisch auszuschöpfen.

Wegen der hohen Grundstückspreise stellt es weiter ein dringendes Gebot für Bund, Länder und Gemeinden dar, daß nach Wegen gesucht wird, die Bodenpreise soweit wie möglich zu senken, damit überhaupt Wohnungsbau, insbesondere sozialer Wohnungsbau, betrieben werden kann. Daher ermäßigt das Land in den Ballungsräumen die Preise für landeseigene Grundstücke für den sozialen Wohnungsbau um bis zu 80 Prozent. Das Land hat im übrigen auch zugelassen, daß Städte und Gemeinden zur Bildung von Wohnungseigentum Grundstücke erheblich unter dem Verkehrswert an Bauwillige abgeben können. Leider hat sich der Bund dieser Praxis bisher noch nicht angeschlossen. Die Länder haben deshalb wiederholt den Bund aufgefordert, Grundstücke preiswerter als bisher für den Wohnungsbau zur Verfügung zu stellen.

Eine große wohnungsbaupolitische Chance in den dichtbesiedelten Ballungsräumen ist von der Freimachung bisher militärisch genutzter Grundstücke durch alliierte Truppen oder die Bundeswehr zu erwarten. Hier wird das Land seinen ganzen Einfluß geltend machen, daß günstig gelegene Liegenschaften bevorzugt freigemacht und auch für den Wohnungsbau genutzt werden. Dabei spielt angesichts der Größe der Fläche die Frage der Preisabschläge eine zentrale Rolle. Wir halten es für dringend notwendig, daß sich hier der Bund wesentlich mehr als bisher im Sinne einer wohnungsbaufreundlichen Haltung bewegt. Andernfalls wird die Nutzung ehemals militärischer Gelände für wohnwirtschaftliche Zwecke erschwert sein.

Der derzeitige Wohnungsbedarf kann nicht allein durch die Binnenentwicklung unserer Städte und Gemeinden abgedeckt werden. In Anbetracht der großen Zahl von Neubürgern, die zu uns kommen, hat die Landesregierung beschlossen, durch größere Siedlungsvorhaben zusätzlichen Wohnraum für Wohnungssuchende zu schaffen. In den nächsten vier Jahren werden in 29 Städten unseres Landes sogenannte Wohnungsbauschwerpunkte mit insgesamt 25 000 neuen Wohnungen aufgebaut. Das Land stellt für die Infrastrukturmaßnahmen der Gemeinden im Zuge des Sonderprogramms »Wohnungsbauschwerpunkte« Zuschüsse von 100 Millionen DM zur Verfügung. Angesichts des Erfolgs dieses Sonderprogramms haben wir im Nachtragshaushalt 1991 das Programm um weitere 5000 Wohnungen aufgestockt. Dies zeigt, mit welchem Nachdruck das Land gemeinsam mit den Kommunen bemüht ist, die Wohnungsproblematik anzugehen.

KONZEPTIONELLE ÜBERLEGUNGEN ZUR WOHNUNGSBAUPOLITIK

VERBESSERUNG DER SUBJEKTFÖRDERUNG

Neben den erwähnten objektbezogenen Förderansätzen im sozialen Wohnungsbau, im Steuerrecht oder bei der Grundstücksverbilligung messen wir der sogenannten Subjektförderung für die Sicherung der Wohnungsversorgung einkommensschwächerer Personen auch in den kommenden Jahren wesentliche Bedeutung bei. Über das Wohngeld kann die »Wohnkaufkraft« erhöht und den Berechtigten dabei geholfen werden, sich am Markt zu behaupten. Immerhin wird zur Zeit etwa ein Drittel der Wohnkosten der Wohngeldempfänger durch das Wohngeld abgedeckt. Wir haben im vergangenen Jahr in Baden-Württemberg rund 333 Millionen DM für zirka 184 000 Wohngeldempfänger ausgezahlt. Im Laufe des Jahres 1990 ist das Wohngeld entsprechend der Entwicklung der Mieten und Einkommen verbessert worden. Daher sind in diesem Jahr im Landeshaushalt allein für diesen Bereich rund 412 Millionen DM veranschlagt. Bei steigenden Mieten wird die Wohngeldgesetzgebung weiterhin auf der Tagesordnung bleiben. In den neuen Bundesländern stellt das Wohngeld sogar das zentrale Instrument dar, um die Umstrukturierung der Wohnungswirtschaft sozial abzufedern. Allerdings kann Wohngeld die Objektförderungen nicht ersetzen. Mit ihm wird kein neuer Wohnraum geschaffen. Objektförderung und Subjektförderung ergänzen sich aber in vorzüglicher Weise.

FORTENTWICKLUNG DER RECHTLICHEN RAHMENBEDINGUNGEN

Der angespannte Wohnungsmarkt erfordert nicht nur eine förderungspolitisch richtige Weichenstellung, sondern auch eine entsprechende Fortentwicklung der rechtlichen Rahmenbedingungen. In den letzten beiden Jahren haben sowohl der Bund als auch die Länder eine ganze Reihe von Rechtsvorschriften erlassen, um die Probleme in den Griff zu bekommen. Zu nennen sind beispielsweise das Wohnungsbauerleichterungsgesetz, die neue Baunutzungsverordnung, die neue Bauprüfverordnung oder die Baufreistellungsverordnung. Ziel dieser Regelungen ist es, den Wohnungsbau und damit auch die Eigentumsbildung zu erleichtern, den vorhandenen Gebäudebestand zu aktivieren oder die Wohnungsversorgung zu sichern.
Wenn man über die rechtlichen Rahmenbedingungen für den Wohnungsbau und das Wohnen diskutiert, darf selbstverständlich das Mietrecht nicht ausgeklammert werden. Hier prallen die unterschiedlichen politischen Standpunkte besonders scharf aufeinander. Die Bevölkerung schenkt der Mietenentwicklung angesichts der unmittelbaren spürbaren Auswirkungen größte Beachtung. Zwar wird vielfach über eine Mietenexplosion geklagt. Dabei ist aber eine gewisse Vorsicht angebracht: nach dem jüngsten Mietspiegel in Stuttgart sind dort in den letzten zwei Jahren die Mieten nur um 9,3 Prozent, in Mannheim sogar nur um 7,6 Prozent durchschnittlich angestiegen. Betrachtet man allerdings die Wiedervermietungsmieten, sind im Einzelfall sehr viel höhere Mietsprünge festzustellen. Daher darf das Problem des Mietenanstiegs nicht verharmlost werden.

Jedoch bergen die zum Teil geforderten generellen Mietobergrenzen erhebliche Gefahren, da sie unter Umständen Investoren abschrecken. Dies wäre aber kontraproduktiv. Die Bundesregierung verfolgt daher einen zwischen den Koalitionsparteien entwickelten Kompromiß. Danach sollen die Mieterhöhungsmöglichkeiten im Miethöherecht auf eine Mieterhöhung von maximal 20 Prozent in drei Jahren, mit der Obergrenze der ortsüblichen Vergleichsmiete, begrenzt werden. Ob es bei diesem Kompromiß bleibt, wird das bevorstehende Gesetzgebungsverfahren erweisen. Es ist eine lebhafte Artikulation der einzelnen politischen Standpunkte zu erwarten. Im Ergebnis wäre es jedenfalls für den Wohnungsbau nicht förderlich, wenn die Eigentümer gehindert würden, die notwendigen Erträge aus dem von ihnen geschaffenen Wohnraum zu ziehen. Wohin zu starke Mietpreisbegrenzungen im Extremfall führen können, zeigt das Beispiel der ehemaligen DDR überdeutlich. Dort hat eine sozial gemeinte Mietenbindung auf einem ganz niedrigen Niveau letztlich zu dem unter sozialen Aspekten katastrophalen Zustand der Wohnungsversorgung geführt.

Neben dem Mietrecht gibt es eine ganze Reihe anderer wichtiger Regelungen, mit denen auf Spannungen am Wohnungsmarkt reagiert werden kann und über die in der Wohnungspolitik durchaus kontrovers diskutiert wird.

Hierzu gehören etwa das Zweckentfremdungsverbot oder die Verlängerung der Sperrfrist bei der Eigenbedarfskündigung. Wir haben entsprechende Regelungen für acht Städte erlassen. Gerade in diesen Brennpunkten des Bedarfs besteht bei den gegenwärtigen Engpässen ein übergeordnetes Interesse an der Nutzung von Wohnungen und damit an der Erhaltung von Wohnraum insgesamt. Diese Regelungen, die einen nachhaltigen Eingriff in die Nutzung des Eigentums darstellen, sind auf die Städte begrenzt, in denen die ausreichende Versorgung der Bevölkerung mit Mietwohnungen zu angemessenen Bedingungen besonders gefährdet ist. Dabei wurde das Gebot der Verhältnismäßigkeit ebenso gewahrt wie der Grundsatz, daß ein unzumutbarer Eingriff in das private Eigentum nicht zugelassen werden kann. Hier ist zu berücksichtigen, daß sich das Land den Vorgaben des Bundesgesetzgebers nicht entziehen kann. Die in Baden-Württemberg eingeführten und geltenden Regelungen orientieren sich an bundesgesetzlichen Vorgaben. Vom bundesrechtlichen Instrumentarium ist bisher mit Vorsicht Gebrauch gemacht worden. Dies soll auch weiterhin so bleiben. In Baden-Württemberg jedenfalls wird die Nutzung des privaten Eigentums nicht durch einen unzumutbaren Eingriff tangiert.

KONZEPTIONELLE ÜBERLEGUNGEN ZUR WOHNUNGSBAUPOLITIK

FLANKIERENDE MASSNAHMEN

Wohnungen kann man – bei aller Vereinfachung und Verkürzung der Verfahren – nicht von heute auf morgen aus dem Boden stampfen. Von den ersten Planungsüberlegungen bis zur Fertigstellung sind im Nu etwa ein bis zwei Jahre verstrichen. Es ist deshalb wichtig, mit flankierenden Maßnahmen den Wohnungsbestand besser zu aktivieren und optimal auszunutzen. Solche flankierende Maßnahmen sind beispielsweise die Erleichterung des Wohnungstauschs bei Sozialwohnungen oder die Einführung der Fehlbelegungsabgabe in zahlreichen Städten und Gemeinden. Auf kommunaler Ebene kann man hier vielfältige Aktivitäten entfalten, etwa Umzugsprämien- oder Vermietungsprämienprogramme auflegen. Auch wenn es – wie die einschlägigen landeseigenen Programme im Jahr 1990 gezeigt haben – schwerfällt, mit derartigen flankierenden Programmen Wohnraum einer besseren Nutzung zuzuführen, muß jedes Mittel eingesetzt werden, um den vorhandenen Wohnraum optimal zu nutzen.

SCHLUSSBEMERKUNG

Wenn wir in die nächste Zukunft blicken, so läßt sich nicht übersehen, daß die weitere Entwicklung auf dem Wohnungsbausektor mit einer Ungewißheit behaftet ist. Wir wissen nicht, wie viele Aussiedler aus Osteuropa noch zu uns kommen, in welchem Umfang der Wohlstandsbedarf nach Wohnraum wachsen wird und wie sich in den nächsten Jahren die wirtschaftliche Situation in den neuen Bundesländern darstellt. Die öffentlichen Hände wie Bund, Länder und Gemeinden können den Wohnungsbau nicht beliebig forcieren; ihnen sind durch die derzeitige finanzielle Situation Grenzen gesetzt. In jedem Fall darf gerade die öffentliche Hand die Wohnungsversorgung der einkommensschwächeren Bevölkerungsgruppen nicht vergessen. Gerade in den schwieriger werdenden Zeiten müssen wir in diesem Sinne Solidarität üben und dürfen die elementaren Wohnungsbedürfnisse der sozial Schwächeren nicht einfach ignorieren oder beiseite schieben. Andernfalls kann sich daraus ganz schnell sozialer Konfliktstoff entwickeln. Unsere Aufgabe ist es, gerade denjenigen, die an der Schwelle zum Wohneigentum stehen – dies gilt in besonderem Maße für die Gruppe der jungen Familien –, bei der Bildung von Wohneigentum zu helfen. Für diejenigen, die kein Wohneigentum bilden können, müssen wir eine ausreichende Versorgung mit bezahlbarem Mietwohnungsraum sicherstellen. Insgesamt werden deshalb die eigentlichen Zielgruppen staatlicher Hilfen bei der Direktförderung in den kommenden Jahren weniger die besserverdienenden Schichten sein als diejenigen, die ohne staatliche finanzielle Hilfe nicht oder nur sehr schwer zu einer Wohnung kommen.
Aber die angemessene Versorgung unserer Bevölkerung mit Wohnungen ist keine Aufgabe nur des Staates oder nur der freien Wohnungswirtschaft oder der ehemals gemeinnützigen Wohnungsbaugesellschaften oder Genossenschaften oder gar allein der privaten Haus- und Grundbesitzer. Die Wohnungsversorgung ist vielmehr eine zentrale Aufgabe, die wir nur mit

gemeinsamen Anstrengungen, ja mit einer konzertierten Aktion aller Beteiligten bewältigen können. Staatliche Förderung, das soziale Engagement der Wohnungsbaugesellschaften, gepaart mit privater Initiative, müssen sich gegenseitig ergänzen. Nur dann ist sichergestellt, daß wir mittel- und längerfristig die Wohnungsversorgungsprobleme in den Griff bekommen.

ALLGEMEINE AUSSPRACHE ZUR WOHNUNGSPOLITIK IN DER 12. LEGISLATURPERIODE

REFERATE:

Dr. Karl Lang, *Vizepräsident des Zentralverbandes der Deutschen Haus-, Wohnungs- und Grundeigentümer e.V., Stuttgart*
Diplomkaufmann Helmut Schlich, *Direktor des Deutschen Mieterbundes e.V., Köln*
Oberbürgermeister a.D. Werner Hauser, *Geschäftsführendes Vorstandsmitglied des Städtetags Baden-Württemberg, Stuttgart*
Dr. Otto Schäfer, *Vorsitzender des Verbands der privaten Bausparkassen e.V., Bonn*

DISKUSSIONSBEITRÄGE (DER REIHENFOLGE NACH) VON:

Ministerialdirektor Dr. Dieter Vogel
MdB Dr. Peter Conradi, *Mitglied der SPD-Fraktion*
Werner Hauser
Professor Dr. Hans-K. Schneider
Dr. Karl Lang
Werner Hauser
Helmut Schlich
Professor Dr. Hans-K. Schneider
Burkhard Fichtner

ALLGEMEINE AUSSPRACHE ZUR WOHNUNGSPOLITIK

REFERATE

DR. KARL LANG

Herr Vorsitzender,
meine Damen und Herren!
Die Wohnungspolitik der zwölften Periode leidet nach unserer Auffassung unter der fehlgelaufenen Diskussion, die im Frühsommer letzten Jahres begann, und zwar um die Frage: Änderung des Mietrechts, Reduzierung der Kappungsgrenze. Dieses ständige Wechselspiel zwischen Eingriffen in das Mietrecht zu Lasten der Vermieter, der Eigentümer, wenn irgendwo die Überschrift von dem Mangel auftaucht, und nachher die Nichtwiederherstellung der alten Rechtstellung, wenn der Wohnungsmangel verschwunden ist, belastet die Bautätigkeit, die Investitionsbereitschaft und belastet damit auch die Wohnraumversorgung der Bevölkerung insgesamt. Der Wohnungsmarkt in der Bundesrepublik, und zwar im alten Teil der Bundesrepublik, ist einer der leistungsfähigsten der Welt. Er liegt im europäischen Vergleich, sowohl was die Qualität als auch was die Quantität anbelangt, an der Spitze; bei der Höhe des Mietniveaus jedoch am unteren Ende der Skala. Ich kann mir versagen, in dem Kreis auf die Daten der allgemeinen Wohnraumversorgung einzugehen, sie sind bekannt. Ich weise jedoch auf eines hin, daß 70 Prozent des Wohnungsbestands, nämlich 18 Millionen Wohnungen, nach dem Zweiten Weltkrieg neu errichtet worden sind. Und ich weise darauf hin, daß von insgesamt 12,2 Millionen bewohnten Wohngebäuden im Zeitpunkt der Wohnungszählung 1987 knapp 90 Prozent im Eigentum privater Einzeleigentümer standen, und mit den rund 257000 Eigentumsanlagen ergibt sich ein Anteil von 91,8 Prozent. Das zeigt einfach die Bedeutung des privaten Mietwohnungsbaus, während die Öffentlichkeit weitgehend von der Bautätigkeit der früher gemeinnützigen Wohnungswirtschaft und von der unternehmerischen Wohnungswirtschaft spricht. Der Anteil dieser privaten Eigentümergruppe an den bewohnten Wohnungen betrug in dem gleichen Zeitraum 79,4 Prozent. Diese private mittelständische Wohnungswirtschaft hat damit den größten Beitrag zur Erreichung der guten Wohnungsversorgungslage geleistet.

Meine Damen und Herren, wer sich mit den Märkten heute befaßt, der wird zugestehen, daß das Bild verwirrend ist. Er wird auch zugestehen, daß Mangelerscheinungen da sind. Wir haben aber vergessen, daß man 1986 und 1987 noch davon sprach, Abrißprämien zu zahlen bei Hochbauten in neuen Siedlungen, die teilweise nicht belegt waren, und daß es dann relativ rasch von dieser Diskussion über Abrißprämien überging zur Frage des Wohnungsmangels. Und derzeit spricht man von einer neuen Wohnungsnot mit einem Fehlbestand von 1 bis 1,5 Millionen Wohnungen.

Meine Damen und Herren, es werden milliardenschwere Neubauprogramme gefordert, um dieses Angebot rasch und massiv zu erhöhen. Mit derartigen Eingriffen und diesen Wechselwirkungen ist aber immer auch in der Zukunft zu rechnen, und zwar einfach deswegen, weil die Wohnungswirtschaft sich von anderen Wirtschaftszweigen grundlegend dadurch unterscheidet, daß die Bedarfsbefriedigung weitgehend aus dem Bestand erfolgt. Rund 98 bis 99 Prozent der Wohnungsbefriedigungswünsche erfolgen so, daß jemand aus einer Wohnung aus dem Bestand auszieht und in eine andere Wohnung des Bestands einzieht. Rund 1 Prozent der Bedarfsabdeckung erfolgt durch den Neubau. Wenn Sie mal die Zahl nehmen im alten Bundesgebiet von rund 27 Millionen Wohnungen, bedeutet dieses eine Prozent 270 000 Wohneinheiten. Wenn ich nun hier eine Steigerung auf 3 Prozent anstrebe, bedeutet das, daß ich über 700 000 Wohnungen neu bauen müßte. Das würde weder bei Daimler-Benz gelingen noch bei sonstigen Produktionszweigen. Nur bei der Wohnungswirtschaft geht man davon aus, daß dies gelingt, und das ist eigentlich eines der Hauptprobleme. Wer Wohnungen baut, investiert Kapital, und zwar langfristig. Und ein großes Problem besteht darin, daß Investoren in Zeiten der Übernachfrage befürchten, daß, sowie die Übernachfrage weg ist, es eben nachher zu staatlichen Eingriffen ins Marktgeschehen kommt. Und wir haben dies jetzt wieder: die Begrenzung des Mietanstiegs, Nutzungsbeschränkung oder Umwandlungsverbote, auch Zweckentfremdungsverbote und so weiter.

Meine Damen und Herren, es wird als soziale Wohltat gepriesen, daß bei der Umwandlung im Altbau der Käufer nicht mehr drei, sondern fünf Jahre warten muß, bis er wegen Eigenbedarfs kündigen kann. Im Grunde genommen verbietet man damit die Eigennutzung; denn die Wohnungen sind nicht mehr verkäuflich, und man behindert damit die Eigentumsbildung, weil eine große Schicht der Bevölkerung nicht in der Lage ist, Neubauwohnungen zu kaufen, weil das Einkommen dazu nicht ausreicht und die Befriedigung aus dem Bestand nicht mehr möglich ist aufgrund dieser Verlängerung der Fristen. Eine unglückliche Regelung, die nach meiner Meinung auch gegen Artikel 14 des Grundgesetzes verstößt und die raschmöglichst, Herr Dr. Vogel, abgeschafft werden müßte. Der Sachverständigenrat zur Begutachtung der gesamtwirtschaftlichen Entwicklung führt zu Recht auch in seinem Gutachten aus, daß für Privatinvestoren die seit Frühjahr 1990 vermehrt geäußerte Forderung aus nahezu allen Richtungen nach weiteren Eingriffen in die Vertragsfreiheit außerordentlich irritierend ist. Und er sagt zu Recht, auch wenn sich das nun politisch nicht voll durchsetzen läßt, es genügt schon die fortgesetzte Diskussion darüber, um potentielle Anleger daran zu hindern, auf dem Sektor Geld zu investieren, und damit trägt die Diskussion dazu bei, daß der Wohnungsbau eben rückläufig ist und nicht zunimmt.

Meine Damen und Herren, wir müssen uns auch darüber im klaren sein, daß die hohe Wohnungsnachfrage zum Teil aufgrund von Wohnungswünschen besteht und nicht jeder Wunsch mit Bedarf gleichgesetzt werden kann. Und wir müssen uns auch im klaren darüber sein, daß da, wo man Mieten künstlich verbilligt, ganz zwangsläufig die Nachfrage größer wird und daß der Preis in der Marktwirtschaft eben seine Funktion hat. Wenn man Marktpreise zuläßt, reduziert man ganz zwangsläufig auch die Wohnungsnachfrage; wenn man Marktpreise nicht zuläßt, vergrößert man die Nachfrage nach Wohnraum. Wer sich darüber hinwegsetzt, täuscht letztendlich die Bevölkerung. Und wer glaubt, er könne im Ballungsraum Mieten von 7 DM pro Quadratmeter festlegen, also 70 Pfennig oder etwas mehr als Differenz zum ländlichen Raum, der gaukelt den Leuten vor, man könne zu diesem Preis wirtschaftlich sinnvoll in einer

Stadt wie Stuttgart sozialen Mietwohnungsbau betreiben. Wer das macht, belügt im Grunde genommen die Bevölkerung – darüber muß man sich einfach im klaren sein.

Meine Damen und Herren, es macht deshalb gar keinen Sinn, wenn man Mieten unter der eigentlich erzielbaren Marktmiete verordnet, denn wenn man die Miete als Auswahlkriterium ausschaltet, dann kommen andere Kriterien, dann kommt es dazu, daß der Wettbewerb nicht mehr über die Miete läuft, sondern über Beziehungen, über Abstandszahlungen, über Ablösezahlungen, über Nebenleistungen und so weiter. Nehmen Sie die Situation in den fünf neuen Ländern. Es ist für mich und für uns untragbar, daß man dort ab 1. Oktober erstmals eine Nettomieterhöhung zuläßt. Es ist für uns untragbar, daß man dort die Betriebskostenumlegung nicht zuläßt, daß man dort eine Situation hat, daß die Mieteinnahme nicht einmal die Betriebskostenbelastung der Wohnung deckt, so daß man die Eigentümer zwingt, möglichst die Wohnung zu entmieten, weil die leere Wohnung weniger Unkosten verursacht als die vermietete Wohnung. Vor allem ideell vermittelt man den Eindruck, als ob auch die Marktwirtschaft Grundbedürfnisse wie Wohnen, wie Nahrung unentgeltlich oder nahezu unentgeltlich vermittelt. Ich glaube, daß es, wenn sich eine solche Haltung einmal festsetzt in den Köpfen der Bevölkerung, nachher außerordentlich schwer ist, sie wieder auszutreiben. Es wird die Bereitschaft zur Investition und die Substanz vernichtet, weil mit den Mieten, die dort seit 1936 festgeschrieben sind, weder instandgehalten noch ein Anreiz zum Bauen geschaffen werden kann, sondern die Gebäude weiter verfallen. Und lassen Sie mich als Letztes sagen: Der Kündigungsschutz, den wir haben, geht eindeutig zu weit. Nach unserer Auffassung ist die Sozialklausel akzeptabel, nach unserer Auffassung ist nicht akzeptabel, daß zusätzlich zur Sozialklausel für die Kündigung weitere im Gesetz aufgeführte Gründe verlangt werden.

Meine Damen und Herren, der heute vorhandene Leerstand – und wir haben diesen Leerstand, und zwar in allen Räumen, und zwar nicht nur in dem Zweifamilienhaus, in dem der Eigentümer selber wohnt, wir haben ihn auch in Stuttgart – kommt nicht von ungefähr. Er hat nach meiner Meinung drei Ursachen:

Ursache 1: Viele Eigentümer sind nicht mehr darauf angewiesen, Mieteinnahmen zu erzielen, zumindest zum jetzigen Zeitpunkt nicht.

Ursache 2: Selbst wer keine schlechte Erfahrung gemacht hat, hat davon gehört und weiß auf jeden Fall, wie schwer es ist, ein Mietverhältnis zu lösen, das nicht funktioniert, und

Ursache 3: Manche Vermieter, und zwar viele, und ich weiß es aus meinem Anwaltsbüro, verabschieden sich von der Mietendiskussion, weil die Überschriften »der Vermieter, der böse Mensch«, sie einfach davon abhalten, sich in das Vermietungsgeschäft weiterhin einzumischen. Sie sagen: »Bevor ich mich als Eigentümer – als Vermieter – beschimpfen lasse, vermiete ich lieber nicht mehr. Damit bin ich mit all den Dingen nicht mehr belastet«, und deswegen kommt vieles nicht mehr auf den Markt.

Und wenn alles, was da ist, so vermietet würde wie in der Zeit der sechziger, siebziger Jahre, wäre die Wohnungsversorgung in einer völlig anderen Situation als jetzt. Lassen Sie mich einen letzten Punkt ansprechen. Auch die Rechtsprechung muß dem Gesetzgeber eigentlich Anlaß zum Nachdenken geben. Die Rechtsprechung zum AGB-Gesetz ist alles andere – letzten Endes – als mieterfreundlich. Sie führt zu starken Einschränkungen und nicht nur zu Lasten der Vermieter. Man muß wohl eines sagen: Formularverträge schützen im Ergebnis nicht nur den Vermieter, in dessen Interesse sie ausgearbeitet sind, sondern auch den Mieter, weil Formularverträge immer auch einer öffentlichen Kritik standhalten müssen. Ein Einzelvertrag, den der Vermieter A mit dem Mieter B schließt, interessiert die Öffentlichkeit nicht. Dort kann alles drinstehen. Und deswegen müßte jeder sinnvolle Verbraucherschutz Wert darauf legen, daß Formularverträge Verwendung finden, weil Gewähr besteht: Hier findet die öffentliche Kontrolle statt, und wer hier überzieht, der steht in den Überschriften der Medien. Und deswegen wird ganz zwangsläufig zwar Interessenvertretung vorgenommen, aber es werden keine überzogenen Vorschriften eingeführt. Das sind, glaube ich, Aufgaben, die in der Periode gelöst werden müssen. Wenn sie nicht gelöst werden, werden wir keine sinnvolle Entwicklung im Wohnungsbau erleben. Vielen Dank.

DIPL.-KFM. HELMUT SCHLICH

Meine sehr geehrten Damen und Herren,
ich wollte eigentlich mein Referat beginnen mit der Lage an den Wohnungsmärkten, aber da ist ja heute morgen schon mancherlei dazu gesagt worden. Ich glaube, ich kann mich auf das Notwendige beschränken.
Ich darf nur noch einmal feststellen, was Herr Professor Hübl in seinem Referat erwähnt und auch indirekt bestätigt hat: Wir vom Deutschen Mieterbund haben nämlich die Feststellung gemacht, daß in der Bundesrepublik etwa 2,5 Millionen Wohnungen fehlen, davon etwa 1,5 Millionen in den alten Bundesländern. Herr Professor Hübl hat von 1 Million Wohnungen gesprochen. Er hat dabei meines Erachtens aber das große Problem der Zweitwohnungen und Ferienwohnungen nicht berücksichtigt. Denn wenn man Haushalte und Wohnungen gegenüberstellt, muß man natürlich sehen, daß es eine sehr große Zahl von Zweit- und Ferienwohnungen gibt, die nicht für dauerhafte Bedarfsdeckung zur Verfügung stehen.
Die Folge dieses Wohnungsmangels ist für jeden sichtbar, der sich um eine Wohnung bemüht in einer Großstadt – das ist nicht nur derjenige, der in der Schlange am Wohnungsamt steht, sondern auch der Journalist, der plötzlich in einer anderen Stadt eine neue Wohnung sucht, oder der Manager. Jeder merkt, daß die Märkte leergefegt sind, selbst in den teuren Preiskategorien. Und es ist natürlich zwangsläufig, daß eben der Markt eine Explosion der Mieten erlebt, und diese macht eben das Wohnen für viele unbezahlbar. Die Folge ist auch, daß wir einen Verdrängungswettbewerb haben in den Großstädten, der zwangsläufig zu Lasten der unteren Einkommensschichten geht. Viele Vermieter mißbrauchen leider ihre Marktmacht – das ist verständlich, aus der Sicht des Staates aber nicht tolerierbar.
Auch in den neuen Bundesländern gibt es einen quantitativen Wohnungsmangel, wobei man sagen muß, daß das Schwergewicht sicherlich bei den qualitativen Defiziten liegt. Darüber ist hier schon gesprochen worden. Ich kann mich dem nur anschließen. Aber es fehlen dort auch

Wohnungen, denn etwa 1 Million Wohnungen stehen drüben leer. Nicht, weil sie keine Mieter finden, sondern weil sie wegen ihres baulichen Zustands nicht mehr zur Bedarfsdeckung herangezogen werden können.

Zu der Situation im Westen und zu ihren Ursachen ist bereits heute morgen etliches gesagt worden. Ich möchte hier aber noch einfügen, daß natürlich eine wesentliche Ursache die Fehleinschätzung der Entwicklung von Wohnungsangebot und -nachfrage durch die Bundesregierung über Jahre hinweg gewesen ist.

Ich darf daran erinnern, meine Damen und Herren: Als 1987 der Deutsche Mietertag in Konstanz stattfand, war das genau zum Zeitpunkt der Volks- und Wohnungszählung. Wir haben damals vor der drohenden Wohnungsnot gewarnt und sind deshalb vom Wohnungsministerium und von vielen Politikern der Schwarzmalerei bezichtigt worden, und zwar von denjenigen, die zwei Jahre später, als die Ergebnisse der Volks- und Wohnungszählung bekannt wurden, einsehen mußten, daß in der Tat auch schon im Mai 1987 eine große Zahl von Wohnungen fehlte.

Wir glauben, daß die derzeitige Misere sich in Zukunft noch weiter zuspitzen wird; auch das wurde heute morgen von den Referenten hier eindeutig bestätigt. Der Wohnungsmangel wird weiter zunehmen. Zu Recht hat schon im September 1990 das Institut für Immobilienforschung in Göttingen vorausgesagt, daß die neunziger Jahre vielerorts zu einem Jahrzehnt des Wohnungsmangels werden. Ein ähnliches Urteil traf in diesen Tagen auch der Bundesverband freier Wohnungsunternehmen, als er feststellte: »Wir müssen die Neubauzahlen über Jahre hinweg deutlich steigern, sonst entsteht eine katastrophale Lage.« Das heißt, meine Damen und Herren, wir müssen verstärkte Anstrengungen machen im Baubereich, aber da wurden heute morgen auch schon die Grenzen aufgezeigt. Wir quälen uns herum, um endlich wieder auf 300 000 fertiggestellte Wohnungen zu kommen; das schaffen wir schon seit etlichen Jahren nicht mehr, während die Bedarfszahlen sich zwischen 440 000 und 600 000 Wohnungen bewegen. Die Zahlen des IFO- und DIW-Instituts sind ja heute morgen schon genannt worden.

Nun, meine Damen und Herren, wie können wir dies erreichen? Ich glaube, wir sind uns alle darüber im klaren, daß weder der freie Wohnungsmarkt alleine noch der Staat alleine die Probleme lösen kann. Der freie Wohnungsmarkt kann sie deshalb nicht lösen, weil er sozial blind ist und nicht danach schaut, wie die Bedürfnisse der Bürger sind, sondern sich daran orientiert, wie die Zahlungsfähigkeit der Haushalte aussieht. Hier hat das Statistische Bundesamt 1988 eine Einkommensstichprobe gemacht, aus der hervorging, daß nur etwa 10 Prozent der Mieterhaushalte über ein Nettoeinkommen von mehr als 4000 DM verfügen. Nun lassen Sie es mittlerweile 15 oder gar 20 Prozent geworden sein von 1988 bis heute. Das bedeutet aber, daß im Grunde genommen nur diese 10 bis 20 Prozent der Bevölkerung für eine Neubauwohnung in Frage kommen, die heute frei finanziert erstellt wird mit einer Kostenmiete zwischen 20 und 25 DM pro Quadratmeter, oder wenn sie in München steht, noch mehr. Das heißt also, wer eine solche Wohnung baut, muß sich im klaren sein, daß die Luft dort sehr dünn ist und eben relativ wenige Haushalte in der Lage sind, eine solche Wohnung zu bezahlen. Das gilt erst

ALLGEMEINE AUSSPRACHE ZUR WOHNUNGSPOLITIK

recht für die neuen Bundesländer, in denen die Einkommen bekanntermaßen noch wesentlich niedriger sind.

Äußerungen aus Investorenkreisen bestätigen unsere Einschätzung, daß wir mit einer entsprechenden Ankurbelung des freifinanzierten Mietwohnungsbaus kaum rechnen können. Der Bundesverband Freier Wohnungsunternehmen beklagt in diesen Tagen, daß Bauherren eine Verlustphase von 10 bis 15 Jahren einkalkulieren müssen. Und, meine Damen und Herren, die Versicherungswirtschaft sagt, daß, wer in Wohnungen investiert, keine Chance hat, mit der Durchschnittsrendite am Kapitalmarkt Schritt zu halten. Es ist klar, wenn ich fürs Nichtstun 8,5 Prozent bekomme, wenn ich eine Bundesanleihe kaufe, dann werde ich mir natürlich überlegen, ob ich in den Neubau investiere, wo man auf Jahre hinaus mit wesentlich geringeren Renditen oder gar mit Verlusten rechnen muß. Herr Professor Schneider hat das heute morgen schon durchklingen lassen.

Das heißt also, meine Damen und Herren, solange alternative Kapitalanlageformen wesentlich rentabler sind, wird man sich sehr wohl überlegen, ob man im Wohnungsbau investiert, der ja nun bekanntermaßen ein sehr langfristiges Geschäft ist, das – wie wir wissen – in der Vergangenheit auch durch die Prognostiker den Investoren verdorben wurde. Ich erinnere an die Bevölkerungskurven, die Mitte der achtziger Jahre kursierten, wo es hieß: Die Deutschen sterben aus. Es gab eine optimistische Kurve, wonach im Jahre 2030 noch 44 Millionen Deutsche leben, und eine pessimistische Kurve, die sagte: Es gibt im Jahre 2030 noch 40 Millionen Deutsche. Und dann fragt sich natürlich derjenige, der für 100 Jahre Wohnungen bauen will: Für wen soll ich denn Wohnungen bauen?

Es kam hinzu der Leerstandsschock. Der hat natürlich eine Rolle gespielt, wobei der Zentralverband der Haus- und Grundeigentümer da eine sehr unrühmliche Rolle gespielt hat, als er von 1 Million leerstehenden Wohnungen sprach. Und Sie hören, Herr Dr. Lang spricht auch heute noch immer von leerstehenden Wohnungen, die angeblich überall sein sollen. Mich würde es wirklich mal interessieren, vielleicht eine Besichtigungsfahrt zu machen, um diese leerstehenden Wohnungen kennenzulernen. Wie gesagt, das ist die Situation.

Meine Damen und Herren, am Kapitalmarkt kann man halt viel schneller und viel leichter Geschäfte machen. Deshalb gehen auch die Versicherungsunternehmen hin und investieren vor allem in gewerblichen Immobilien, weil sie hier Renditen erzielen können, mit denen Mietwohnungen nicht konkurrieren können.

Nur, meine Damen und Herren, nur wenn die staatliche Wohnungspolitik, um Bundespräsident von Weizsäcker auf unserem 90jährigen Jubiläum zu zitieren, nur wenn die staatliche Wohnungspolitik sich »ihrer herausragenden sozialen Verantwortung« bewußt wird, können wir die Wohnungsprobleme im Westen wie im Osten Deutschlands mittelfristig lösen.

Sozialer Mietwohnungsbau muß dabei meines Erachtens eine große Rolle spielen. Ohne umfassende und nachhaltige öffentliche Hilfen geht es nicht. Das hat selbst Frau Adam-Schwaetzer vor drei Tagen auf einer Tagung des Deutschen Verbandes in Leipzig erklärt, und ich muß auch sagen, daß – da möchte ich auch Herrn Professor Schneider etwas widersprechen – sich meines Erachtens mit Wohngeld alleine die Probleme nicht lösen lassen. Das kam übrigens auch in dem Referat von Dr. Altmüller zum Ausdruck, der sagte, durch Wohngeld wird keine einzige Wohnung gebaut.

Es liegen sowohl für den Investor als auch für den Mieter große Risiken darin, wenn Wohnungen gebaut werden zu Mieten von 20 bis 25 DM pro Quadratmeter, in der Hoffnung, daß der Staat allseits bereit sein wird, hier soviel Wohngeld zu geben, daß der Haushalt, der bisher nur 8 DM pro Quadratmeter bezahlen kann, in der Lage ist, langfristig eine solche Wohnung anzumieten. Ich würde gern die Investoren kennenlernen, die bereit sind, nur im Vertrauen auf das Wohngeld zu bauen.

Ich habe mich auch hier und auch bei anderer Gelegenheit mit Bauherren unterhalten über den dritten Förderungsweg. Die haben gesagt, wir haben Angst davor, im dritten Förderungsweg etwas zu machen, wenn zum Beispiel auf 10 Jahre die Miete auf 7 oder 8 DM pro Quadratmeter garantiert ist, und wenn nach 10 Jahren die Hilfen wegfallen, die Mieten um 7 DM pro Quadratmeter steigen. Wer wird dann bereit sein, in dem Moment diese Wohnungen zu bezahlen! Die Mieter, die dort eingezogen sind, werden sicherlich nicht in der Lage sein, diese 7 DM pro Quadratmeter mehr zu zahlen. Ich warne davor, meine Damen und Herren, hier immer auf eine starke Entwicklung der Einkommen zu setzen!

Ich erinnere mich daran, daß Anfang der siebziger Jahre die Wohnungspolitiker glaubten, sehr schlau zu sein, als sie zur degressiven Förderung übergingen, um höhere Förderzahlen zu erreichen. Da wurde dann prognostiziert: Wir haben jährliche Einkommenssteigerungen von 7 Prozent und können dann auch natürlich die Mieten um 7 Prozent erhöhen. Ich habe schon damals davor gewarnt, und ich habe leider recht behalten. Die 7 Prozent Mieterhöhung waren programmiert, aber die 7 Prozent Einkommenssteigerung sind nach wenigen Jahren schon nicht mehr eingetreten. Das hat dann dazu geführt, daß zum Teil die Mieter im sozialen Wohnungsbau nicht mehr in der Lage waren, diese Mieten zu bezahlen.

Und deshalb, glaube ich, brauchen wir sozialen Wohnungsbau mit langfristigen stabilen Mieten und langfristigen Belegungsbindungen.

Ich gehe mit Ihnen einig, Herr Professor Schneider, daß man Wege finden muß, daß die Miete nicht auf Dauer zementiert wird wie beim Bezug. Man muß sicherlich darauf abstellen, daß man mit Veränderungen der Einkommen auch flexible Formen der Mietanpassung findet.

Denn das ist in der Tat ein soziales Ärgernis. Die Fehlbelegungsabgabe, da mache ich auch keinen Hehl daraus, kann in der heutigen Zeit nicht überall bei höchstens 2 DM pro Quadratmeter bleiben. Es gab aber auch eine Zeit, meine Damen und Herren, wo zum Teil die Sozialmiete plus Fehlbelegungsabgabe über der Marktmiete lag und deswegen die Mieter umgezogen sind. Heute ist es so, daß die Marktmieten so davongelaufen sind, daß wir Spannen von 5 und 10 DM pro Quadratmeter zwischen Sozialwohnungen und freifinanzierten Wohnungen beziehungsweise den Vergleichsmieten haben. Und da muß man sich dann in der Tat darüber unterhalten, ob man auch eine spürbar höhere Fehlbelegungsabgabe nimmt, um damit den Staat in die Lage zu versetzen, neue Wohnungen zu bauen.

Ich stimme Herrn Professor Schneider auch zu, wenn er ganz besonderen Wert auf die Feststellung gelegt hat, daß Wohnungsbaupolitik Beschäftigungspolitik ist und neue Arbeitsplätze schafft. Ich erinnere daran, daß wir in der Vergangenheit häufig Wohnungsbauprogramme aufgelegt haben mit der Begründung, wir müssen die Konjunktur ankurbeln. Ich halte es für eines der größten Versäumnisse, daß die Bundesregierung in Verbindung mit der Vereinigung bis heute nichts für die Baukonjunktur in den neuen Ländern getan hat.

Ich kenne viele Fälle von mittelständischen Existenzen in den neuen Bundesländern im Bereich des Ausbaugewerbes, die gehofft haben: Wir bekommen hier jetzt Aufträge. Die haben zum Teil wieder schließen müssen, weil niemand in der Lage war, ihnen Aufträge zu geben. Ich habe schon im Mai vergangenen Jahres gefordert, sofort einen Topf aufzulegen von 5 Milliarden DM jährlich, für zinslose Instandsetzungs- und Modernisierungsdarlehen, damit hier etwas bewegt werden kann. Es ist nichts geschehen.

Es liegt natürlich auch daran, daß die Mieten nicht gestiegen sind, da gebe ich Ihnen recht, Herr Dr. Lang. Da müssen Sie sich bei Ihren Parteifreunden beschweren und nicht hier bei uns. Ich muß Ihnen ganz offen sagen: Aus der Sicht des Mieterbundes hätten wir nicht dagegen protestiert, wenn am 3. Oktober gesagt worden wäre, es werden die Mieten zunächst um 1 DM pro Quadratmeter angehoben. Das hätte jeder verkraftet; das hätte auch jeder eingesehen; die Menschen haben das erwartet. Ja, aber das hat man halt nicht getan. Warum? Das wissen Sie besser als ich, Sie sind Politiker – ich nicht. Man hat es nicht gemacht, und darunter muß man heute leiden. Proteste, Herr Dr. Hitschler, sind gekommen, als Sie mit einem Schlage die Mieten auf 8,50 DM pro Quadratmeter anheben wollten. Und die 8,50 DM pro Quadratmeter sind in der Tat auch nicht vertretbar gewesen. Das sage ich deutlich.

ZWISCHENRUF DR. WALTER HITSCHLER:

Ich wüßte was ganz anderes. Es ging um Instandhaltungszuschläge mit Obergrenze, nie 8,50 DM pro Quadratmeter!

HELMUT SCHLICH:

Es war an 8,50 DM pro Quadratmeter gedacht. Es ist ja nicht bestritten worden, selbst Frau Adam-Schwaetzer bestreitet es nicht, und ich kann es Ihnen, wenn Sie es wollen, in der Diskussion nachher vorrechnen: Die Mietsteigerungen der Bundesregierung sollten bis zu 8,50 DM pro Quadratmeter gehen.

Und jetzt will ich Ihnen eines sagen, Herr Dr. Lang: Die Mieterhöhungen werden am 1. Oktober – das wissen alle – bei 5 bis 6 DM pro Quadratmeter liegen, ohne die 3,20 DM pro Quadratmeter Instandsetzungsumlage. Hätten wir die nämlich, dann wären wir über die 8,50 DM pro Quadratmeter gekommen. Wir haben nämlich damals nur mit etwa 1 DM pro Quadratmeter an Betriebskosten gerechnet. Wir wissen aber mittlerweile, daß die Betriebskosten drüben – der Herr vom Gesamtverband nickt mit dem Kopf – nicht bei nur 1 DM pro Quadratmeter liegen, wie uns die Regierung vorgegaukelt hat. Sie liegen bei 1,50 DM bis 1,80 DM pro Quadratmeter monatlich. In Rostock habe ich das gehört, in Leipzig habe ich das gehört, zum Teil sind sie sogar noch höher. Und dann kommen Sie tatsächlich auf Mieten, wo die 8,50 DM pro Quadratmeter überschritten werden.

Wir sind nicht grundsätzlich gegen Mieterhöhungen gewesen, Herr Dr. Hitschler, wir sind nur dagegen gewesen, mit einem Schlag diese Keule auszupacken und die Mieten von bisher 1 DM pro Quadratmeter auf 8,50 DM pro Quadratmeter zu erhöhen.

Aber ich möchte deutlich sagen, daß wir die Mieterhöhungen, wie sie jetzt sind, auch als Mieterbund hinnehmen. Das ist nicht so einfach. Denn da gibt es auch viele, die sagen: Wie könnt ihr dem zustimmen! Wir stimmen den Mieterhöhungen aber nur unter der Voraussetzung zu, daß sie durch das Wohngeld für die Leute, die sie sich nicht leisten können, abgefangen werden.

Ich könnte noch zu vielen Punkten, die ich hier aufgeschrieben habe, Stellung nehmen, möchte aber nur noch zwei Punkte erwähnen. Ich bitte Herrn Professor Schneider noch um etwas Geduld. Aber der Zwischenruf und dessen Beantwortung werden auch im Bundestag auf die Zeit des Redners angerechnet, und ich bitte auch hier darum.

Soziale Bindungen dauerhaft sichern! Ich glaube, das ist ein ganz wesentliches Problem, meine Damen und Herren, daß in einer Zeit, in der wir nicht in der Lage sein werden, a) von den Baukapazitäten her und b) von der Finanzierung her, auch von den öffentlichen Mitteln her, so viele Sozialwohnungen zu bauen, wie wir brauchen, daß in einer solchen Zeit besonderer Wert darauf gelegt wird, daß die sozialen Bindungen erhalten werden. Und ich unterstütze alle Maßnahmen, die die Regierung oder auch die Länder treffen, um diese Sozialbindungen zu erhalten.

Ich möchte mich auch in dem Zusammenhang eindeutig aussprechen gegen eine forcierte Umwandlung von Miet- in Eigentumswohnungen, auch und gerade in den neuen Ländern. Meine Damen und Herren, es hört sich natürlich gigantisch an, wenn man hört, in der Stadt Berlin, da sind also drei Viertel des Bestandes Sozialwohnungen oder sind im Besitz der kommunalen Unternehmen. Ich erinnere mich an einen Brief von Herrn Nagel, den er an Frau Adam-Schwaetzer geschrieben hat, wo er mal auseinandergerechnet hat, wie sich die 630 000 Mietwohnungen der kommunalen Wohnungsverwaltung Ost-Berlin zusammensetzen. Ich will mir das hier im einzelnen ersparen. Ich will Ihnen nur sagen, daß von diesen 630 000 Wohnungen nur etwa 150 000 wirklich im Besitz der kommunalen Wohnungsverwaltung bleiben werden. Denn die anderen Wohnungen werden durch Rückübertragungsansprüche und aus anderen Gründen – sie befinden sich zum Teil in treuhänderischer Verwaltung – wieder ausscheiden; sie werden in den allgemeinen Wohnungsmarkt überführt werden. Und solange man diese Dinge nicht genau geklärt hat, von Unternehmen zu Unternehmen, sollte man sich mit der Privatisierung zurückhalten; denn es werden auch drüben derzeit keine neuen Sozialwohnungen gebaut. Und es ist auch Blödsinn, die Sozialwohnungen, die wir haben, zu verscherbeln, obwohl wir nicht genügend neue Wohnungen bauen können. Denn bei den niedrigen Einkommen muß sicher darauf Wert gelegt werden, daß ein möglichst großer Anteil an Sozialwohnungen in den Städten erhalten bleibt. Wir haben auch bei uns Städte, wo ein Viertel und ein Drittel des Bestandes Sozialwohnungen sind. Man denke nur einmal an die Situation im Ruhrgebiet. Dortmund und andere Städte haben einen hohen Anteil an Sozialwohnungen, und das war sehr gut. In Zeiten von Arbeitslosigkeit hat es eben dort nicht die Probleme gegeben und die sozialen Unruhen, die wahrscheinlich gekommen wären, wenn man auf der anderen Seite nur teure Wohnungen gehabt hätte.

Meine Damen und Herren, Wohnen muß bezahlbar bleiben. Deshalb muß auch die Mietenexplosion in den alten Bundesländern gestoppt werden. Es tut mir leid, wenn ich das sagen muß. Heute morgen wurde von Herrn Professor Schneider dargelegt, daß alle Eingriffe in das Mietpreisrecht für ihn die Gefahr in sich berge, daß Investitionen zurückgestellt werden. Ich weiß nicht, meine Damen und Herren, ob das wirklich der Fall ist; denn wir wollen ja nicht die Neubaumieten binden, wir wollen die älteren Wohnungen binden, die ja zu wesentlich niedrigeren Kosten erstellt worden sind. Und man soll auch nicht so tun, meine Damen und Herren, als wenn Haus- und Grundeigentum und Miethausbesitz eine schlechte Kapitalanlage wären. Wenn Sie sich die Wertentwicklunng ansehen: Wir haben im Jahr 1964 noch Wohnungen für 600 DM pro Quadratmeter gebaut. Wir haben 1980 Wohnungen um 2000 DM pro Quadratmeter gebaut, und wir bauen heute Wohnungen um 3000 DM bis 3500 DM und mehr pro Quadratmeter.

(VIELE ZWISCHENRUFE)

HELMUT SCHLICH:

Entschuldigen Sie, ich bin so anständig, ich halte die Preise niedrig, und das wird mir dann hier vorgeworfen. Ich gebe Ihnen ja recht, ich kenne ja auch andere Preise. Aber ich sage mal, daß wir im sozialen Wohnungsbau bei uns in Nordrhein-Westfalen noch etwa bei 3000 bis 3500 DM pro Quadratmeter liegen. Das mag hier in Baden-Württemberg anders sein. Herr Dr. Vogel wird das sicherlich bestätigen können. Aber ich will damit nur deutlich machen, meine Damen und Herren: Derjenige, der früher investiert hat, ist doch Nutznießer der zwischenzeitlichen Wertentwicklung, die wir auf dem Immobilienmarkt gehabt haben. Denn wenn er ein Haus, das er 1964 für 600 DM pro Quadratmeter frei finanziert gebaut hat und dafür heute eine Miete von 10 DM pro Quadratmeter erzielt, verkauft, dann hat er doch eine ganz andere Wertentwicklung, als wenn er damals achtprozentige Pfandbriefe gekauft hätte. Und deshalb meine ich nicht, daß der Eingriff in Mietpreise tatsächlich zu den Folgen führt, die hier zum Teil an die Wand gemalt werden.

Und was die neuen Länder anbelangt, da haben wir nun die eindeutige Zusage aus dem Einigungsvertrag, daß die Mieten nur schrittweise und sozial verträglich angepaßt werden dürfen, und Bundeskanzler Kohl hat dies nochmals in seiner Regierungserklärung bestätigt. Ich meine, meine Damen und Herren, wir dürfen auch dort die Dinge nicht über den Zaun brechen, zumal die Mieten für Wohnungen zu zahlen sind, die in der Qualität mit unseren Wohnungen überhaupt nicht zu vergleichen sind.

Ich wehre mich immer dagegen, wenn man sagt, wir müssen die Mieten drüben an den Weststandard heranführen. Meine Damen und Herren, wer das erzählt, der beweist, daß er noch nie dort gewesen ist. Es gibt keine Wohnung, die Sie in den Mieten an den Weststandard anpassen können, denn wenn Sie das Mietminderungsrecht der alten Bundesrepublik in den neuen Bundesländern anwenden, dann dürften Sie dort keine Wohnung für mehr als 3 DM pro Quadratmeter vermieten. So ist die Situation, und so wird sie mir von der Wohnungswirtschaft sogar bestätigt. Das heißt also, meine Damen und Herren, wir können nicht davon ausgehen, daß wir in Ost-Deutschland ein West-Mietenniveau in absehbarer Zeit erreichen werden.

Damit möchte ich im Moment meine Ausführungen schließen. Ich könnte noch viel sagen zum Kündigungsschutz oder zu den Formularmietverträgen. Das ist das Problem, mein lieber Herr Professor Schneider: Wenn man hier sitzt, vor Leuten, die anderer Meinung sind, muß man auch ein bißchen mehr Gelegenheit haben, das zu sagen, was man sagen möchte.

OBERBÜRGERMEISTER A.D. WERNER HAUSER

Meine Damen und Herren,
was ich hier vortrage, ist meine eigene Meinung. Wir werden erst am kommenden Montag im Städtetag die Thesen, die ich schriftlich hier beigetragen habe, so beschließen. Aber wie die Auguren sagen, wird das auch so sein. Insoweit ist ein gewisser Bestätigungswert, Herr Dr. Vogel, mit dem Papier verbunden.

Die Situation, die wir haben, meine Damen und Herren, hätte Franz Josef Strauß klassisch umschrieben. Er hat das schon mal 1976 getan nach der Bundestagswahl, als er sagte: »Jetzt ist Schluß mit der Pietät« – den Nachsatz lasse ich sein –, ich füge aus meiner eigenen Kreativität an: Jetzt muß gehandelt werden. Und zwar ist die Situation so, daß es keinen Sinn macht, alljährlich in einem steril gewordenen Ritual an den, sagen wir mal, geringen Akzentverschiebungen des Landeswohnungsbauprogramms herumzumäkeln und zu sagen, da müßte man dies und müßte man jenes ändern. Die Situation ist damit nicht zu kurieren. Aus der Sicht der Städte muß man sagen, die Politik, die Bundespolitik, aber auch die Landespolitik, hat nicht aus den Gleisen herausgefunden, die in den Jahrzehnten nach dem Krieg richtig gewesen sein mögen, die aber heute auf ein Abstellgleis führen, und die Situation, daß wir vor der Rampe stehen, ist eigentlich schon für jeden erkennbar. Ich will das mit einigen wenigen Aussagen untermalen, die vielleicht verletzend klingen:

Wir müssen die Subventionspolitik als Interventionspolitik umgestalten, das heißt erstens, wir müssen ein Ende damit machen, allgemein das Wohnen durch die öffentlichen Hände zu subventionieren. Das zu lange Festhalten an allgemeiner Subventionierung hat zu einer entsprechenden Mentalität geführt, die die Bereitschaft des Bürgers, für eines der hochwertigsten

Wirtschaftsgüter einen angemessenen Marktpreis zu entrichten, stark leiden ließ. Und das heißt zweitens, die Konzentration der Interventionierung, der Subventionierung also, müßte auf jene Bevölkerungsgruppen beschränkt werden, die nachweislich nicht in der Lage sind, sich aus eigener Kraft mit angemessenem Wohnraum zu versorgen.

Dazu will ich ein paar Illustrationen geben, die sicher, wie jede statistische Zahl oder Zahlenreihe, falsch sein können, aber die ein gewisses Licht auf die Entwicklungen werfen. In den letzten 30 Jahren haben sich die Geldvermögen der privaten Haushalte versiebzehnfacht. Sie sind von 166 Milliarden DM im Jahr 1960 auf knapp 3 Billionen DM 1990 angestiegen. Das verfügbare Privateinkommen ist im gleichen Zeitraum von 210 Milliarden DM auf knapp 1,5 Billionen DM geklettert. Durch diese Verbesserung der wirtschaftlichen Situation haben die Bundesbürger beim Wohnen einen noch nie dagewesenen Standard erreicht, der auch im internationalen Vergleich Spitze ist.

Vor dem Hintergrund dieser Einkommens- und Geldvermögensentwicklung der privaten Haushalte ist die staatliche Wohnungsbauförderung nach wie vor darauf angelegt, daß breite Schichten der Bevölkerung in irgendeiner Form an der Subventionierung des Wohnens teilhaben sollen. Nach dem Subventionsbericht der Bundesregierung – das ist der Wohngeld- und Mietbericht 1987 – wurde der Wohnungssektor mit direkten und indirekten Subventionen in Höhe von rund 18 Milliarden DM pro anno gefördert. Nach einer Untersuchung des Deutschen Instituts für Wirtschaftsforschung kommen noch rund 25 Milliarden DM dazu, die sich aus der Verrechnung steuerlicher Verluste mit anderen Einkünften ergeben und insoweit steuermindernd wirken. Mit anderen Worten: Dem Wohlstandsbürger (wohlgemerkt: nicht nur den sozial Schwächeren) fließen jährlich etwa 40 Milliarden DM an Steuermitteln für das Gut »Wohnen« zu.

Wie sich das im engeren Förderungsbereich darstellt, hat das Institut für Wohnen und Umwelt berechnet. Hiernach kommen dem untersten Fünftel der Einkommensbezieher 5 Prozent der staatlichen Eigentumsförderung zugute. Dem obersten Fünftel fließen dagegen 45 Prozent des staatlichen Fördervolumens zu. Angesichts der riesigen Aufgaben, die in den nächsten Jahren, insbesondere auch infolge der deutschen Vereinigung zu lösen sind, kann eine solche Schieflage in der Förderpraxis nicht auf Dauer durchgehalten werden.

Nun, der Wohnungsmarkt, meine Damen und Herren, wird durch einige gravierende Verzerrungen stark negativ beeinflußt. Das ist schon mehrfach heute hier vorgetragen worden. Solange Grundeigentum gegenüber anderen Vermögensanlagen steuerlich privilegiert wird – steuerlich, betone ich! –, wird der Wohlstandsbedarf bei entsprechend positiver Entwicklung der Einkommen immer wieder in diesen Bereich drängen, obwohl unter dem Gesichtspunkt der Befriedigung angemessener Wohnbedürfnisse hierfür gar kein Anlaß bestünde. Da die Befriedigung solcher Bedürfnisse nichts oder kaum etwas zur Lösung der sozialen Versorgungsfälle beiträgt, kann man sich auch nicht damit beruhigen, daß wegen des Sickereffekts ausreichende Freiräume im einfacheren Wohnungsbestand geschaffen würden.

Es wäre also dringend geboten, die Einheitsbewertung für Grundstücke so zu aktualisieren, daß sie auch unter steuerlichen Aspekten wenigstens annähernd den Grundsätzen der Steuergerechtigkeit nahekommt. Dazu gibt es in der Zwischenzeit schon mehrere höchstrichterliche Urteile, nicht nur des Bundesfinanzhofs.

Ähnliche Verzerrungen weist der Mietwohnungsbereich auf. Solange der ganz überwiegende Teil der Bevölkerung, soweit er auf Mietwohnungen angewiesen ist, Mietbelastungen hat, die weit unter dem liegen, was für Sozialmietwohnungen als angemessen gilt, kann man kaum jemandem die Sozialverträglichkeit der Tatsache vermitteln, daß jeder, der sich neu am Wohnungsmarkt versorgen muß, mit Mieten konfrontiert wird, die zwischen 10 DM und 20 DM pro Quadratmeter liegen. Damit bin ich in einem Korridor geblieben, der Extreme ausschließt. Es müßte mittelfristig Sorge dafür getragen werden, daß ein derart extremes Auseinanderklaffen der Mieten vermieden wird. Es müßte also das allgemeine Mietniveau mindestens an den Level herangeführt werden, der nach den Fördergrundsätzen bei sozialen Mietwohnungen einzuhalten ist. Sie verkennen bitte nicht die leise Ironie, wenn ich das so sage, denn im Grunde ist das natürlich auch schon wieder ein Regulierungsmechanismus, der zu irregulären Ergebnissen führen kann.

Nun bin ich der Meinung, daß wir aus diesen Sachverhalten heraus – und vor allem auch in Anbetracht der stark differierenden Lebensbedingungen in den alten und neuen Bundesländern – gezwungen sind, unsere Positionen, statt sie nur einfach fortzuschreiben, kritisch und grundsätzlich zu überprüfen. Ohne Anspruch auf Vollständigkeit will ich in kurzer und vielleicht für manche deswegen verletzend klingender Weise ein paar Thesen sagen.

Erstens einmal: Es wird nicht mehr Geld geben für die Wohnungsbauförderung; jedenfalls nicht für die alten Bundesländer. Ich habe den Eindruck, daß in der Diskussion auch bei uns in ganz anderen Bereichen diese Tatsache schlichtweg verdrängt wird. Es wird immer noch in einer Art Fortschreibungsmentalität gesagt: »Und nächstes Jahr sind es halt 3 oder 5 oder 7 Prozent oder vielleicht auch nur 1,5 Prozent mehr, aber es sind jedenfalls mehr.« Ich bin der Auffassung, daß bei den klaffenden Finanzierungsdefiziten der öffentlichen Hände überhaupt kein Schritt daran vorbeiführt zu akzeptieren, daß der Jetztstand der Höchststand ist, den wir in der alten Bundesrepublik haben werden für Wohnungsbauförderung.

Zweitens: Die zur Verfügung stehenden Mittel müssen dann jedenfalls treffsicherer eingesetzt werden für diejenigen Bevölkerungskreise, die sich nicht aus eigener Kraft auf dem Wohnungsmarkt versorgen können.

Drittens: Jede direkte oder indirekte Subventionierung des Wohlstandsbedarfs – und das lasse ich mir nochmals auf der Zunge zergehen: des Wohlstandsbedarfs – sollte abgebaut werden. Das gilt für den Bereich der Mietwohnungen ebenso wie für den des Eigentumssektors. Es ist im übrigen überhaupt nicht einzusehen, daß der Staat in einem Bereich, der ausdrücklich nicht der Grundversorgung, sondern dem Wohlstandsbedarf dient, der jedes Jahr zweimal die Wohnfläche Nürnbergs produzieren würde, noch selbst fördert, weswegen eigentlich? Legt man die Zahlen des Subventionsberichts der Bundesregierung sowie des DIW zugrunde, so ergäbe sich ein zum Teil abzubauendes, zum Teil umzulenkendes Volumen zwischen 25 bis 30 Milliarden DM jährlich. Deswegen habe ich auch den Bundeswirtschaftsminister gefragt, warum er denn eigentlich schon wegen 10 Milliarden DM Subventionskürzung zurücktreten wolle. Es würde sich doch eigentlich bei höheren Streitwerten, wie ich sie gerade genannt habe, viel eher lohnen und wäre viel heldenhafter. Die Subventionierung – wenn man von Subventionierung reden will, ich sage dazu Interventions- und Ordnungspolitik – sollte sich künftig an zwei streng einzugrenzenden Apsekten orientieren:

Erstens: Vorrang erhält die Subjektförderung durch einen starken Ausbau des Wohngelds. Hier ist die Treffsicherheit am ehesten zu gewährleisten. Das wäre, wenn man dem folgen würde, nicht ein weiteres Instrument der Wohnungsbauförderung, sondern der Ausbau des Wohngelds wäre die soziale Komponente der für erforderlich gehaltenen Anpassung der realen Entgelte für das Wirtschaftsgut »Wohnung«, und wegen der Individualität des Wohngeldes wäre damit vor allem auch eine wesentlich höhere Treffsicherheit des Einsatzes öffentlicher Mittel verbunden und mit sozialer Gerechtigkeit übereinstimmend.

Zweitens: Die Objektförderung würde sich beschränken auf die Schaffung von Wohnraum durch Neubau oder Modernisierung geeigneter Altbausubstanz für Personengruppen, die aus individuellen Gründen, die nicht nur finanzieller Natur sind, am Wohnungsmarkt ohne Chance sind.

Eine solche Rückführung der überkommenen Wohnungsbauförderung und ihre Ausrichtung auf diese Grundsätze sind schrittweise zu erreichen. Ich bin sicher, das wird nicht mit dem Schafott gehen. Die Guillotine ist ja auch keine politische Maßnahme, mit Ausnahme von Revolutionszeiten. Aber auch das plafoniert sich schnell immer wieder. Die Subventionierung des Wohnungsbaus muß sich meiner Auffassung nach an Kriterien des Bedarfs orientieren. Das kling so banal, daß ich mich fast nicht traue zu sagen: Dies ist im Augenblick nicht so. Unter Bedarf ist in dem Sinne, wie ich es meine, nicht die allgemeine Nachfrage nach Wohnungen zu verstehen, sondern die Umschreibung einer Notlage auf dem Wohnungsmarkt, die gekennzeichnet ist von den örtlichen Notfallkarteien, der Zahl der zu versorgenden Zuwanderer, also Aussiedler, Asylbewerber, Obdachlose und Nichtseßhafte. Ich möchte auch da, Herr Professor Schneider, bei allem Respekt und bei allem Verlangen, mit Ihnen übereinzustimmen, schon etwas zu Ihren Bemerkungen von heute morgen sagen.

Erstens einmal: Sie haben gesagt, Baulandausweisung müsse endlich von den Kommunen intensiviert werden. Aber da, muß ich sagen, hat die Wissenschaft sich genauso verirrt wie die Politik. Im Gegenteil: Die Wissenschaft hat uns in der Politik und vor allem in der Landespolitik und den von ihr beschlossenen Vorgaben nicht korrekturfähige Werte geliefert, um es sehr zurückhaltend auszudrücken. Also, wir sind da alle dem selben Mainstream unterlegen. Die Wissenschaft hat nichts getan zur Falsifizierung dessen, was als Entscheidungsgrundlage der Politik über ein Jahrzehnt hinweg verkündet worden ist. Wir haben von seiten der Kommunen immer gesagt: Ihr könnt uns nicht so restriktiv behandeln. Und wie sind wir von der Landesplanung, Herr Dr. Vogel, kujoniert worden, schikaniert worden! Man hat uns bis auf Quadratmeterbereiche Bauland restriktiv behandelt, und zwar nicht im Natur- und Landschaftsschutz, sondern einfach, weil der Bedarf, den wir gesehen und erkannt hatten, gar nicht auf höherer Ebene wahrgenommen werden wollte. Nun will ich gerne zugeben, daß der Standpunkt den Horizont bestimmt und damit auch erweitern kann. Aber ich möchte ein anderes Paradoxon hinzufügen: Am Fuße des Leuchtturms ist es in der Regel am dunkelsten.

Nun gut. Wir haben dazuhin ein Weiteres. Sie haben, Herr Professor Schneider, gemeint, wir hätten ein zu geringes Bemühen der Kommunen um preiswertes Wohnen. Darf ich Ihnen mal in Erinnerung rufen, daß im Augenblick eine Sozialwohnung von Bund und Land mit 55000 DM gefördert wird – eine Sozialwohnung! Die Kommune legt, wenn sie überhaupt eine Sozialwohnung schaffen will, im Schnitt – und das ist nicht der Ballungsraum Stuttgart, sondern ist der im Bereich Mannheim, im Bereich Karlsruhe, im Bereich Freiburg und Ulm etwa gleichliegende Wert – 100000 DM dazu, das heißt, wenn Bund und Land von Wohnungsbauprogrammen reden und die Kommunen zu den Fahnen eilen, geeilt werden, dann zahlen die Kommunen zwei Drittel cash und ein Drittel der Bund. Es ist also ein kommunales Programm zur Schaffung von Wohnungen mit leichter Beteiligung des Bundes und des Landes, und nicht umgekehrt. Und wenn das so ist – und leider sind die Tatsachen so –, dann kann ich nur sagen, Herr Professor Schneider, Ihr Appell, zu den Fahnen zu eilen, ruiniert restlos und schnell die kommunale Finanzautonomie.

Der soziale Wohnungsbau in der jetzigen Architektur ist nicht mehr finanzierbar. Und, Herr Dr. Vogel, ich erzähle Ihnen das seit dreieinhalb Jahren, seitdem ich dieses Geschäft in Stuttgart mache, das hat zu erheblichen Verwerfungen, tektonischen Störungen im Verhältnis zwischen dem Städtetag und dem Land geführt. Aber ich bin der Meinung, man muß auch einmal sagen: Des Kaisers neue Kleider sind keine. Der soziale Wohnungsbau in der jetzigen Architektur ist für die breiten Schichten der Bevölkerung ein Placebo. Er wird nie dazu führen, bei 9200 Sozialwohnungen, die wir im Land im Augenblick pro Jahr im Programm haben, daß substantiell etwas besser wird an der Wohnungsversorgung breiter Schichten der Bevölkerung. Das ist völlig ausgeschlossen, und es wäre, wenn man auf diesem Weg weitergehen würde, der finanzielle Ruin der Kommunen als erstes, und das Land muß sich fragen lassen, genauso wie der Bund, ob die Allokation knapper Güter – sprich Geld – in einer Situation, die wir nach der Vereinigung haben, überhaupt noch so hinnehmbar ist. Ich hielte es für verantwortungslos, an dieser Frage vorbeizugehen.

Ein Drittes: Wir wollen nicht verkennen, daß die Umsetzung einer anderen Wohnungspolitik zunächst einmal heißt, Abstand zu nehmen von einer gesellschaftlichen Lebenslüge. Ich habe das vorher etwas zurückhaltend benannt: Das Gut »Wohnen« hat nicht seinen angemessenen Preis. Und weil es das nicht hat und die Korrekturgrößen aus der bisherigen Interventionspolitik von Bund und Land nicht mehr greifen, deswegen rennen wir wie die Lemminge in den Abgrund. Ich habe ja in vergangener Zeit immer wieder mal maßgeblichen Landespolitikern gesagt: Wenn Sie sich aus Ihrem eigenen Wahlkreis in andere Wahlkreise, in Ballungsräume oder Verdichtungsräume, wagen, fliegen Ihnen wegen des Wohnungsbauproblems die Brokken um die Ohren. Nicht nur deswegen will der Städtetag Baden-Württemberg, der auf dem Fechtboden besonders glänzen wollte, hier die sozialen Sprengsätze offenlegen. Und ich finde, wenn man das als Politiker nicht mehr aussprechen will, dann geht man an der Wirklichkeit vorbei; aber das geht nicht lange, dann stürzt man einfach ab. Und in Schleswig-Holstein sagt

ALLGEMEINE AUSSPRACHE ZUR WOHNUNGSPOLITIK

man: Je höher desto platsch. Je höher die Träume, desto tiefer wird der Absturz. Ich will damit abschließen: Es müssen auch neben einem so definierten Bedarf – und ich habe ihn auf die Notlage auf dem Wohnungsmarkt reduziert als Nicht-Wohlstandsbedarf – die für den Wohnungsbau maßgeblichen Rahmenbedingungen berücksichtigt werden.

Dazu zähle ich die Situation bei der Baulandbeschaffung. Lassen Sie mich hier noch hinzufügen: Wir haben im Bundesbaugesetz 30 Prozent Flächenabzug. Ich bin der Meinung, wir müssen auf 50 Prozent Flächenabzug gehen, wobei die Differenz von 20 Prozent, also die zwischen 30 und 50 Prozent, sicher nicht unentgeltlich eingefordert werden kann. Hier müssen wir die Differenz zwischen Einstands- und Verkehrswert vergüten. Denn auch das muß gesagt werden: Dies gilt für die militärischen Grundstücke genauso wie für die Baulandbeschaffung, Herr Professor Schneider. Die Kommunen sind dank ihrer Planungshoheit in der Rolle des Midas, der mit seinem Stab alle Dinge, die er berührt, zu Gold werden läßt. Sie kennen ja selbst die Dreifelderwirtschaft: Acker, Wiese, Bauplatz. Das ist herkömmlich und im Schwäbischen richtig gewesen.

Bei militärischen Liegenschaften hat der Bund immer gesagt (wie das Land es auch sagt): Ihr müßt zuerst eine Entwicklungsplanung vorlegen, und dann erst verkaufen wir. Das heißt also, daß Grundstücke, die bisher militärisch genützt wurden und auch für Wohnungen geeignet wären, zuerst einmal per Entwicklungsplanung der Stadt zu einem Wert gebracht werden müssen, den sie heute gar nicht haben. Und dann erklärt der Bund: Ihr kriegt 50 Prozent Rabatt von dem durch eure Planung entstandenen Mehrwert. Ich bin kein Marxist, aber die Marx Brothers lassen grüßen. Ich bin schon der Auffassung, daß man diesen Flächenabzug ernsthaft diskutieren muß, denn warum haben sich unsere Gemeinderäte gewehrt? Erstensmal wegen der landespolitischen Vorgaben. Bei keinem Regierungspräsidium kriegten sie den Bebauungsplan genehmigt, der über diesen Vorgaben lag. Und zum zweiten deswegen, weil man ihnen eingeredet hat, von Bund und Stuttgart, daß Flächenverbrauch etwas ganz Schlimmes, eine Sünde gegen den Heiligen Geist und gegen die Wirklichkeit der Lebensverhältnisse ihrer Bürger sei. Was für ein Schmarren! Wir haben doch nicht dafür gesorgt, daß das politische Klima so geworden ist, sondern auch die Wissenschaft hat sich in diesem Chor gefallen, mag es einer sein aus »Antigone« – ich schätze Sophokles. Aber wir sind heute in einer Situation, in der wir auch dies korrigieren müssen, und Mentalitätsveränderungen dauern länger als drei Jahre. Das muß man sehen. Es wird also ein arger Bremsweg werden. Regionale Berücksichtigung, Herr Dr. Vogel – ich habe mal vom Herrn Innenminister die Antwort gekriegt: Das schafft kein Christenmensch, daß man Unterschiede, die zwischen Friedrichshafen und Ulm oder zwischen Reutlingen, Tübingen und Stuttgart bestehen, auch in der Wohnungsbauförderung sowohl nach Zahl wie auch nach Güte berücksichtigt. Wenn das ein Christenmensch nicht aushält, daß Unterschiede auch unterschiedlich beantwortet werden, dann ist die Politik handlungslos geworden, dann ist sie steril; denn wenn sie nur noch mit der Gießkanne nach der Einwohnerzahl die staatlichen Subventionsmittel verteilt, ist das Ergebnis immer eine höhere Ungerechtigkeit als vorher. Und aus diesem Grund bin ich der Meinung: Systemwechsel ist angesagt. Und deswegen: Wohnungsbauförderung zieldifferenzierter als bisher, Treffsicherheit nach örtlichen und regionalen Gegebenheiten. Der Bürger muß wissen, was er will und ob er dafür die Zahlungsbereitschaft hat. Die Zahlungsfähigkeit hat er in der Regel, oder sie ist ihm vom Staat zu verschaffen. Aber die Bereitschaft zu zahlen, die »willingness to pay«, ist bei uns systematisch auf die Ebene eines Bonsai heruntergebracht worden, aber wir müssen sie langsam wieder an Baumgröße heranführen.

DR. OTTO SCHÄFER

Meine Damen und Herren,
zwischen der Wohnungspolitik und dem Bausparen gibt es einen Spannungsbogen, der so alt ist wie die Diskussion um die Wohnungspolitik. Ganz konkret ist die Förderung des Bausparens (nicht der Bausparkassen, sondern des Bausparens im Rahmen der Wohnungspolitik, insbesondere der Eigentumspolitik als Teil der Wohnungspolitik) ein Thema, das bei jeder Subventionsdiskussion und bei jeder kleinen und großen Steuerreform bis hin zur heute wieder aktuellen Diskussion um den Subventionsabbau erneut, wenn auch mit alten Argumenten auf den Tisch kommt. Die ständige Bewegung in der Diskussion um die Vorrangigkeit oder Nachrangigkeit des Wohneigentums und damit auch um die Aufgabe und den Rang des Bausparens bringt die deutschen Bausparkassen in einen ständigen Argumentationszwang. Ich möchte mich als siebenter Redner des Symposiums sehr kurz fassen und einige Feststellungen, einige Denkanstöße der Bausparkassen vortragen, die zwar immer wieder bei der Diskussion steuerlicher Art vorgebracht werden, aber dadurch ja nicht falsch werden.
Man kann wohl feststellen, daß die Notwendigkeit, Neubauaktivitäten beträchtlich auszuweiten, um der laufenden Nachfrage einigermaßen gerecht zu werden und um den aufgestauten Nachholbedarf in späteren Jahren allmählich abzubauen, hier am Tisch außer Diskussion steht. Es gibt aber gewisse Auffassungsunterschiede bezüglich der dafür einzuschlagenden Wege. Herr Professor Schneider hat heute morgen auf die gesamtwirtschaftlich zwingende Notwendigkeit hingewiesen, dafür in möglichst großem Umfang privates Kapital zu mobilisieren. Demgegenüber wurde aber auch immer wieder die Frage der Notwendigkeit oder gar Vorrangigkeit des sozialen Mietwohnungsbaus diskutiert. Diese Form der Wohnungsbauförderung ist aber die teuerste; sie verursacht dem Fiskus Kosten, Steuerausfälle und Aufwand, die für die objektgebundene Förderung zusammengerechnet sich schätzungsweise – so hat uns Herr Professor Schneider heute morgen schon vorgetragen – auf rund 200 000 DM belaufen. Wenn jährlich von den insgesamt als notwendig angesehenen 500 000 bis 600 000 auch nur 200 000 als Sozialwohnungen gebaut würden, dann würde dies einen Zuschußbedarf von 40 Milliarden DM pro Jahr ausmachen. Sozialmietwohnungsbau ist, wenn er auch nur ein Drittel des Bedarfs befriedigen wollte, schlichtweg nicht zu finanzieren.
Andererseits sind – und darin schließe ich mich auch voll der Auffassung von Herrn Schlich an – aus dem freifinanzierten Mietwohnungsbau keine sonderlichen Volumina zu erwarten, keine Volumina, die auch nur einigermaßen zur Lösung der drängenden Probleme beitragen

können. Im vergangenen Jahr sind in den alten Bundesländern nur insgesamt 47 251 Mietwohnungen in neuen Mehrfamilienhäusern fertiggestellt worden. Darunter waren ganz sicherlich 30 000 Sozialmietwohnungen. Der freifinanzierte Mietwohnungsbau hat nicht einmal 10 Prozent zum Neubauergebnis des letzten Jahres beigetragen.

Zum Bau genehmigt wurden im letzten Jahr 88 464 Mietwohnungen in neuen Wohngebäuden. Wenn man den Zahlen glauben darf, die vom Bundesbauministerium als Bewilligungen genannt werden, dann können darunter nicht wesentlich mehr freifinanzierte Mietwohnungen gewesen sein. Selbst wenn es gelänge, die Zahl der Mietwohnungen durch nochmalige Verbesserungen der steuerlichen Abschreibungsmöglichkeiten auch nur zu verdoppeln, wären wir damit von den Zielsetzungen, die von Herrn Professor Schneider, von Herrn Professor Hübl, vom DIW, vom IFO genannt werden, noch ein großes Stück entfernt.

Als wirklich realistischen Weg, zu 500 000 oder 600 000 Neubauwohnungen pro Jahr in den alten und neuen Bundesländern zusammengerechnet zu kommen, sieht die Bausparbranche deshalb den Ansatz primär bei der Wohneigentumsbildung. Es kann allerdings bei der Lösung der Probleme nicht um ein Entweder-Oder gehen. Es gibt nicht nur *einen* Weg, den man als einzig richtige Lösung gehen kann. Ein „Sowohl-Als-auch" ist im Rahmen der Wohnungspolitik ganz sicher abzuwägen, ein „Sowohl-Als-auch", bei dem allerdings das Gewicht der einzelnen denkbaren Wege und die Bedeutung der einzelnen Zielgruppen, die durch diese Wege erreicht werden sollen, doch recht unterschiedlich sind.

Deshalb ist für uns, wenn wir uns als Bausparkassen zu Wort melden, immer die entscheidende Frage: Mit welchen Mitteln kann man für welche Zielgruppe den größten Erfolg erreichen? Und hier können sich die Bausparkassen dem Votum, das heute morgen von den beiden Herren Professoren Schneider und Hübl vorgetragen worden ist, ganz eindeutig anschließen, nämlich, daß bei diesen Wegen eben die Eigentumsbildung einer der erfolgreichsten, sichersten Wege ist.

Allerdings zeigt die Wohnungsbaukonjunktur im Bereich der Eigentumsbildung auch deutliche Ermüdungserscheinungen. Die Baugenehmigungen für Eigenheime sind konjunkturell rückläufig. Bei der Genehmigung für Eigentumswohnungen haben sich die Zuwachsraten sehr deutlich vermindert. Hier ist zudem noch fraglich, ob die Genehmigungen, die erteilt worden sind, kurzfristig überhaupt realisiert werden. Wenn wir uns bei Maklern umhören, ist deutlich zu hören, daß der Verkauf ins Stocken geraten ist. Ohne zusätzliche Impulse sind deshalb auch für den Bereich der Eigentumsmaßnahmen keine erhöhten Volumina zu erwarten.

Die Förderung des Wohnungseigentums ist für die Finanzminister im Bund, bei den Ländern und bei den Kämmerern der Gemeinden bisher immer mit großem Abstand der preisgünstigste Weg zu neuen Wohnungen gewesen. Die Förderung nach Paragraph 10e EStG kostet den Staat insgesamt durchschnittlich nur 40 000 bis 50 000 DM, das heißt weniger als die Hälfte derjenigen Steuerausfälle, die für den Neubau an Mietwohnungen allein im Verlauf der ersten 12 bis 15 Jahre, insbesondere durch die Sonderabschreibungen, zu Buche schlagen. Bei der Eigentumsförderung könnte man deshalb nach Meinung der Bausparkassen noch kräftig draufsatteln. Sie bliebe dann immer noch für den Fiskus der mit Abstand günstigste Weg.

Daraus leiten sich die Vorschläge der Bausparkassen ab, die auch in diesen Tagen in Bonn wieder nachdrücklich vorgebracht wurden. Wir plädieren eindeutig für eine Umstellung der steuerlichen Wohnungseigentumsförderung der Art, daß die Begünstigung zukünftig als Abzug von der Steuerschuld, also unabhängig von der persönlichen Steuerprogression gewährt wird, statt wie bisher als Abzugsbetrag von der Steuerbemessungsgrundlage. Das macht allerdings nur dann Sinn, wenn gewisse Mindestbeträge – wir haben beispielsweise für acht Jahre lang 2 Prozent Erwerbskosten vorgeschlagen – nicht unterschritten werden, sonst reicht die Förderung im Bereich der Schwellenhaushalte nicht aus. Ich kann hier Herrn Professor Schneider zitieren, der heute morgen deutlich gesagt hat: Die Bereitschaft zum Sparen fördern, das ist in einer Zeit besonders knappen öffentlichen Geldes besonders hilfreich für die Milderung der Kapitalknappheit im ganzen und damit vor allen Dingen auch für die Investition in das Wohnungseigentum, vor allem in das privat genutzte Wohnungseigentum. So denken wir auch an eine Erhöhung des Baukindergeldes, und zwar auf 1200 DM pro Kind, und an eine Aufstockung der begünstigten Höchstbeträge für das Bausparen.

Das heute zu sagen, ist allerdings ewas schwierig, denn im Augenblick ist in Bonn die Ministergruppe, die sich um den Subventionsabbau kümmert, mit den Koalitionspartnern und mit den vier Parlamentariern, die sich um Vorschläge zum Subventionsabbau bemüht haben, zusammen, um die beiden von jeder Gruppe zusammengetragenen Pakete daraufhin zu überprüfen, wie weit sie realisiert werden sollten; diese Vorschläge sehen nun keineswegs eine Aufstockung des Bausparens vor. Herr Bundeswirtschaftsminister Möllemann hat eindeutig erklärt und es gestern abend in einer Diskussionsrunde hier in Ludwigsburg noch einmal deutlich bestätigt, daß nach seinen Vorschlägen für das Bausparen der Satz der Wohnungsbauprämie im Rahmen des jetzt diskutierten Subventionsabbaus halbiert werden sollte; die Vierergruppe der Parlamentarier, die ich vorher erwähnt habe, hat demgegenüber eindeutig und in Übereinstimmung mit der Bundesbauministerin gesagt: Wer heute an den Förderinstrumenten, die die Privatinitiative für den Wohnungsbau beflügeln, dreht, dem ist nicht zu helfen, denn er würgt das ab, was als einzig wirksames Mittel in nächster Zeit zu erwarten ist, nämlich den Einsatz privaten Kapitals im Wohnungsbau. Daß das Bausparen eine deutliche und direkte Auswirkung auf die Baufertigstellungen hat, ist zu erkennen, wenn man sich die Mühe macht, einmal länderweise die Beiträge des Bausparens zur Wohnungsfinanzierung zu analysieren. Die Volkswirtschaftliche Abteilung von Wüstenrot hat eine Untersuchung angestellt (die Tabelle finden Sie am Ausgang und können sie gerne mitnehmen), wie sich in den Regionen die Wohnungsfinanzierung, bezogen auf je 1000 Einwohner, in ihrer Abhängigkeit vom Bausparen darstellt. Wenn im Bundesdurchschnitt im letzten Jahr für die Wohnungsfinanzierung knapp 80 000 DM je 1000 Einwohner von den Bausparkassen ausgezahlt worden sind, dann sind die Unterschiede zwischen den einzelnen Bundesländern beträchtlich. Nordrhein-Westfalen zum Beispiel erreicht dabei 72 Prozent des Bundesdurchschnitts, Baden-Württemberg dagegen 155 Prozent, und ganz ähnliche Relationen zeigt die Statistik der Baufertigstellung von Eigentumsmaßnahmen.

Die Bausparkassen sind der Meinung, daß ein erhebliches zusätzliches Investitionspotential für den Neubau selbstgenutzten Eigentums aktiviert werden muß, was noch verstärkt werden könnte, wenn beispielsweise die Aufhebung der persönlichen Objektbeschränkung erreicht werden würde. Die Zahl derer, die früher schon einmal selbstgenutztes Eigentum besessen haben und dafür den Paragraphen 7b oder heute den Paragraphen 10e des Einkommensteuergesetzes in Anspruch genommen haben, die aber inzwischen aufgrund berufsbedingten oder sonstigen Ortswechsels ihr Eigentum verkauft haben, diese Zahl wächst ständig. In der Altersgruppe der über 45jährigen dürfte ihr Anteil beträchtlich sein, insbesondere auch und gerade unter den Mieterhaushalten in den Städten, die sich vergleichsweise große Wohnflächen und teure Wohnungen leisten. Davon wären, das haben die Untersuchungen der beiden Bausparkassenverbände deutlich gezeigt, viele bereit, erneut Eigentum zu bilden, wenn es dafür auch nur einigermaßen steuerliche Anreize gäbe. Aber ohne jegliche Förderung rechnet sich die Wohneigentumsbildung einfach in vielen Fällen nicht. Das Mieten ist billiger, denn dank der steuerlichen Förderung braucht der Mietwohnungsinvestor ja zunächst nicht die vollen Kosten aus der Miete zu erwirtschaften. Sie kennen das Wort, das wir Bausparkassen nicht mögen: Der Fachmann wohnt zur Miete. Damit aber lösen wir das Wohnungsproblem nicht.

ALLGEMEINE AUSSPRACHE ZUR WOHNUNGSPOLITIK

DISKUSSIONSBEITRÄGE

MINISTERIALDIREKTOR DR. DIETER VOGEL

Herr Vorsitzender,
meine Damen und Herren,
da ich erstens mehrfach angesprochen wurde und außerdem noch zu spät gekommen bin, wofür ich nochmals um Entschuldigung bitte, möchte ich zu vier Punkten, die in der Diskussion von verschiedenen Rednern angesprochen worden sind, kurz Stellung nehmen.

Einmal, was die Gesamtsituation angeht: Herr Schlich, ich war auf dem Mietertag in Konstanz auch dabei. Wir dürfen nicht übersehen: Seit 1987 sind in Baden-Württemberg 500 000 Einwohner mehr vorhanden, und insbesondere deswegen haben wir seitdem vielerorts Wohnungsengpässe. Vorher gab es Wohnungsengpässe in erster Linie nur in den Ballungsgebieten und in Universitätsstädten. Aber es hat keinen Sinn, die Vergangenheit anzusprechen. Wir sehen inzwischen eine Trendwende, und zwar in deutlichen Anzeichen: Wir haben gegenwärtig einen Zugang – monatlich – von zwei- bis dreitausend Aussiedlern, können aber inzwischen vier- bis fünftausend Aussiedler, die ja teilweise noch in Gaststätten untergebracht sind, monatlich in Wohnungen unterbringen. Also, wir haben mehr Wohnungen für Aussiedler, als uns Aussiedler im Moment zugehen. Erster Punkt.

Zweiter Punkt: In der Wohnungspolitik – und darüber reden wir ja jetzt – müßte man stärker als bisher auch die freiwerdenden Kasernen berücksichtigen. Wir wollen – und da gibt es auch eine Entschließung des Deutschen Bundestages –, daß die Kasernen möglichst preisgünstig den Kommunen zur Verfügung gestellt werden. Wir haben in Baden-Württemberg mindestens 40 000 Soldatenplätze, die in den nächsten Jahren frei werden. Wir wollen mindestens jeden zweiten Platz auch für Aussiedler, Asylbewerber und für Studenten nutzen.

Nächster Punkt: Ich kann es nur im Telegrammstil machen: Die Landesregierung hat beschlossen, in den nächsten vier Jahren jeweils 70 000 Wohnungen in Baden-Württemberg zustande zu bringen. Damit sind wir bisher gut vorangekommen. So haben wir im letzten Jahr 85 000 Genehmigungsanträge erledigen können; allerdings wurden nicht alle Gebäude bereits bezugsfertig. Das hängt damit zusammen, daß bis zur Bezugsfertigkeit sehr viel mehr Zeit vergeht, aber jedermann weiß, daß eine Baugenehmigung nach zwei Jahren verfällt. Wir haben jetzt einen sehr beachtlichen Fertigungsstand erreicht.

Nun ein zweites Problem: Es war davon die Rede, daß die Baukonjunktur in den neuen Bundesländern nicht richtig vorankommt. Ich glaube, das ist eine Fehleinschätzung. Genügend Mittel sind den neuen Bundesländern zur Verfügung gestellt, unser Partnerland Sachsen hat vergleichsweise mehr bekommen als Baden-Württemberg. Aber ein Problem liegt darin, daß wir heute noch 27 Milliarden DM Subventionen für die Wohnungswirtschaft in den neuen Bundesländern benötigen, die nicht kurzfristig abgebaut werden können, solange keine Mieterhöhung durchgeführt wird. Etwa die Hälfte von diesen 27 Milliarden DM sind Kapitalkosten, die andere Hälfte sind Bewirtschaftungskosten. Sie finden bei dieser Situation im Moment nur schwer Investoren. Die Kommunen haben riesige Wohnungsbestände, haben Altschulden, die noch nicht einmal auf das Grundstück bezogen zugeordnet sind, und sie sollen Wohnungen bauen, dürfen sich aber nicht grenzenlos verschulden. Neue Investoren werden sie nur finden, wenn sie eine angemessene Miete bekommen. Wir sind trotzdem der Meinung, daß es möglich ist, die Entwicklung voranzubringen. Nur nebenbei: Wir haben eine Broschüre herausgebracht, ich werde sie Ihnen nachher kurz noch zeigen – »Bauen in Sachsen« –, weil wir die Erkenntnis gewonnen haben, daß die beachtlichen Erleichterungen für das Bauen in den neuen Bundesländern nach dem Einigungsvertrag vielfach gar nicht bekannt sind. Auch die Industrie bestätigt, daß man drüben schneller vorankommt beim Wohnungsbau und vor allem beim Industriebau als in den alten Bundesländern. Leider wird von den Erleichterungen noch zuwenig Gebrauch gemacht.

Eine dritte Bemerkung, weil immer wieder von langfristigen Mietpreisbindungen die Rede ist: Ich bin da in Übereinstimmung mit mehreren Vorrednern. Wir sind ebenfalls der Meinung, daß es nicht möglich ist, langfristige Mietpreisbindungen vom Staat zu finanzieren. Heute war im Finanzausschuß des Landtags ein Oppositionsantrag zu behandeln, jährlich 15 000 Mietwohnungen im ersten Förderungsweg zu finanzieren. Wir haben das umgerechnet, das ist ein Volumen von 2,25 Milliarden DM, das ist nicht zu finanzieren. Unser Wohnungsbauvolumen beträgt insgesamt einschließlich Eigentumswohnungen 863 Millionen DM. Immerhin bauen wir damit auch 9200 Mietwohnungen.

Und ein letzter Punkt, weil Herr Hauser das Baulandproblem angesprochen hat: Wir sind inzwischen, was die Landesplanung angeht, außerordentlich großzügig. Wir sind bereit, bisherige Restriktionen zu beseitigen, aber wir sehen, daß die Probleme trotzdem nicht gelöst werden. Gerade in der Region, in der wir uns jetzt befinden, in Stuttgart, haben wir die Situation, daß wir viel mehr Fördermittel nach der Einwohnerzahl zur Verfügung stellen könnten, aber die Gemeinden nicht in der Lage sind, die Mittel abzunehmen, weil es entweder an verfügbarem Bauland fehlt, oder weil Wohnungsbauschwerpunkte, die wir mit großem Erfolg im ganzen Land bauen, hier nicht vorankommen – Stichwort Kornwestheim –, und weil das Bauen zu teuer wird. Und deswegen müssen wir uns, und da stimme ich Herrn Dr. Lang zu, auch ganz besonders der Bestandspflege widmen und der Sanierung. Wir müssen also alle möglichen Maßnahmen ergreifen, nicht nur einseitig auf Neubau setzen. Die Verbesserung der Eigentumsquote spielt dabei eine ganz besondere Rolle.

Meine letzte Bemerkung: In diesem Kreis muß man auch die Bausparsituation ansprechen. Wir haben aufgrund des erfolgreichen Bundesprogramms zur Bausparzwischenfinanzierung zunächst einmal den Versuch gemacht, die Fortführung dieses Bundesprogramms zu erreichen. Dieses ist leider mißlungen, weil die neuen Bundesländer davon nicht Gebrauch machen können. Deshalb haben wir uns entschlossen, ein eigenes Programm zu machen, weil auf diese Weise gerade im Eigentumsbereich sehr viel bewegt werden kann und in der Hochzinsphase die Bausparzwischenfinanzierung erleichtert werden muß.

ALLGEMEINE AUSSPRACHE ZUR WOHNUNGSPOLITIK

DR. PETER CONRADI

Herr Hauser hat am Schluß gesprochen von der mangelnden Bereitschaft der Leute, das zu zahlen, was die Wohnung wirklich kostet. Das war auch heute vormittag angeklungen. Wenn ich es richtig in Erinnerung habe, ist die derzeitige durchschnittliche Belastung der Wohnkosten am verfügbaren Einkommen etwas über 20 Prozent. Das streut ja natürlich gewaltig nach dem berühmten Gesetz von dem Herrn Schwabe: Je mehr einer verdient, um so geringer ist der prozentuale Anteil der Wohnkosten. Wir hier im Saal zahlen wahrscheinlich 15 Prozent unseres verfügbaren Einkommens, der kleine Rentner oder die alleinerziehende Mutter hat 30 Prozent zu zahlen. Und meine ganz dumme Frage ist jetzt, Herr Hauser, Sie sprachen von dem Bonsai-Bäumchen: Wie hoch wollen Sie denn die durchschnittliche Wohnbelastung der Klein- und Normalverdiener am verfügbaren Einkommen wachsen lassen? Was halten Sie für zumutbar?

WERNER HAUSER

Die Frage findet ihre Antwort, Herr Conradi, in dem Vorschlag, das Wohngeld massiv auszubauen. Nur auf diese Weise werden die sozial Unterprivilegierten in die Lage versetzt, sich am Markt als Nachfrager bemerkbar zu machen. Ich will nicht von denen reden, die am Markt, auch wenn sie die Hand voller Geld haben, nicht genommen werden. Darüber sind wir uns im klaren. Das ist der Bestand, in den ich dauernd mit Objektförderung hineingehen muß.
Es ist doch schlichtweg die Frage der Sozialverträglichkeit vom verfügbaren Einkommen über das Gut »Wohnen«. Das Gut »Wohnen« ist ein Existenzgut. Ich will einmal polemisch dagegenhalten: Was ist, wenn sich die Leute leisten, auf die Malediven zu fliegen? Warum soll das eigentlich durchgehen?

PROF. DR. HANS-K. SCHNEIDER

Eine kurze Anmerkung: Wenn im Wohnungswesen der Anteil der Berechtigten von Sozialleistungen – sei es im sozialen Wohnungsbau, sei es beim Wohngeld – gemessen an der gesamten Bevölkerung sehr groß ist, kann etwas nicht stimmen. Das öffentliche Geld wandert dann ja hauptsächlich von der linken in die rechte Tasche, und niemand vermöchte zu sagen, daß das gewünschte soziale Endresultat auch wirklich eintritt. Die tatsächliche Umverteilung, wie sie sich im ökonomischen Prozeß ergibt, weicht häufig von der normativ Gesetzten ab!

ALLGEMEINE AUSSPRACHE ZUR WOHNUNGSPOLITIK

DR. KARL LANG

Ja, Herr Hauser, ich habe Sie heute in zweifacher Form erlebt: Der erste Teil Hauser war neu, der zweite Teil Hauser als Vertreter der Großstädte war alt, den kenne ich in der Form. Im ersten Teil plädieren Sie für mehr Wohngeld. Nun sagen Sie einmal ganz konkret, wen wollen Sie denn noch mit Objektförderung subventionieren? Wollen Sie Einkommensgrenzen absenken? Dazu fehlt eine Auskunft von Ihnen, denn beides können Sie ja nicht wollen! Das Land Baden-Württemberg gibt immerhin rund 800 Millionen DM aus für den Wohnungsbau, Bundesmittel muß man dazu sagen, und 55 000 DM pro Wohnung Subvention. Sie sagen: nicht darstellbar die ganze Geschichte im zweiten Teil. Die Städte müssen zwei Drittel dazuzahlen. Von was lebt denn der eigentlich, der privat baut? Der gar keinen Zuschuß bekommt? Von dem Sie erwarten, daß er baut! Denn zwei Drittel werden doch nach wie vor ohne öffentliche Subvention gebaut. Der lebt ohne Subvention, der kommt über die Runde. Sie sagen, wir bluten praktisch die Gemeinden aus, weil sie zwei Drittel drauflegen müssen, und gleichzeitig plädieren Sie dafür, weg von der Objektförderung zur Subjektförderung. Hier paßt etwas nicht zusammen. Sie wollen im Grunde genommen doch eines, Herr Hauser – ich sag's mal bewußt überspitzt –: Sie wollen eine Konzentration aller Mittel hier im Land Baden-Württemberg auf Stuttgart, Mannheim, Freiburg, vielleicht auch noch Karlsruhe, und damit sind Sie dann zufrieden.

WERNER HAUSER

Also, lieber Herr Dr. Lang, ich kann mir die polemische Schärfe schenken. Wozu soll es eigentlich dienen? Erstens einmal: Die Probleme in der Wohnungsversorgung sind ja lange Zeit von der Landespolitik gar nicht wahrgenommen worden, weil sie sie nur für ein Problem der Ballungsräume gehalten hat und der Großstädte. Als ich vor drei Jahren zum ersten Mal darum gebeten habe, daß man über Wohnungspolitik reden sollte, hieß es: Das ist eine Restgröße der Kommunal- und Landespolitik – eine Restgröße, hieß es. Wohnungsversorgung war gar kein Problem der Landespolitik, sondern herabgesunken, sedimentiert auf die kommunale Ebene. Sie haben sich genauso getäuscht wie viele andere – auch die Wissenschaftler. Ich sage das bewußt noch mal. Die kommunale Seite hat Indikatoren gezeigt, die Sie nicht ernst genommen haben. Und nun wollen Sie sich bei mir beschweren, daß die Wirklichkeit nicht so ist wie Ihre Täuschung, Herr Dr. Lang, das muß man ganz klipp und klar sagen.
Was heißt denn Zufriedenheit? Zufriedenheit ist doch unsere Aufgabe, wenn wir sie richtig erfüllt haben. Zufriedenheit ist nicht Schuldzuweisung, und ich finde es eigentlich etwas wenig, wenn Sie nur fragen: Wen wollen Sie jetzt eigentlich noch fördern? Den sozialen Wohnungsbau hat die Koalition 1987 unverändert wieder auf die Gleise gesetzt – leider unverändert. Man hat ja nichts in den Schubladen gehabt, um umzubauen. Niemand wollte eigentlich neue Lösungen. Und jetzt sieht man, daß das Instrument nicht mehr funktioniert. Und nun

macht man den Städten den Vorwurf, daß es nicht funktioniert. Wir sind doch nicht die Architekten! Wir sind diejenigen, die letztlich noch die Maurerkelle bedienen müssen. Zum zweiten: Eben weil das Problem nicht nur in Stuttgart, Mannheim Karlsruhe, Freiburg und Ulm existiert, sondern weil es in den Mittelzentren des ländlichen Raums, der dem Land ja soviel wert ist, daß es extra ein Ministerium dafür hat, weil eben die Wohnungsengpässe auch dort bestehen, deswegen kommen sie ja nicht mehr durch. Und sie kommen mit 9 200 Sozialwohnungen im ganzen Land Baden-Württemberg hinten und vorne nicht rum. Darüber muß man doch, Herr Dr. Lang, mit niemandem mehr diskutieren. Das hat doch gar keinen Sinn, jetzt zu sagen: »Du willst das Geld nach Stuttgart schaufeln.« Die Stuttgarter können den sozialen Wohnungsbau dieser Architektur gar nicht mehr finanzieren. Das ist es im Augenblick, und das ist das viel größere Problem. Und deswegen möchte ich nicht, daß die Landespolitik abgleitet in einen künstlichen Gegensatz zwischen Stadt und Land. Da ist erstens der Drang zur Verdichtung. Er ist nach wie vor ungebrochen. Da kann dagegen anreden, wer immer will. Zum zweiten: Wir müssen die Wohnungsversorgung der Bevölkerung als eines der wichtigsten politischen Anliegen anfassen, und zwar alle Parteien und alle Gruppierungen, die daran beteiligt sind. Und zum dritten: Ein steriler Antagonismus zwischen Land und Kommunen führt weder das Land zu Ergebnissen noch uns. Und dem Bund schließlich, dem ist es dank der knappen Kriegskasse im Augenblick Wurscht, wer's tut, Hauptsache, er hat das Problem los. So ist es doch, wenn jeder Bundespolitiker hier auftritt; ich habe noch keinen anderen gehört, der im Kabinett etwas zu sagen hat, der meint: »Nun macht doch mal«; die Kommunen müssen. Oder, wie Herr Professor Schneider heute morgen sehr zurückhaltend formuliert hat: »Hier müssen etwas mehr Tätigkeiten gezeigt werden.« Aktionismus hilft uns doch gar nicht.

HELMUT SCHLICH

Ich darf noch mal auf diese, ja nun seit Jahrzehnten kursierende Grundsatzfrage eingehen. Objekt- oder Subjektförderung. Die einen meinen, das kann mit sozialem Wohnungsbau gemacht werden, die anderen meinen, das kann ausschließlich mit Wohngeld gemacht werden.
Herr Conradi hat ja, glaube ich, nicht zu Unrecht die Frage gestellt: »Wie stark wollen wir oder müssen wir den Kreis der Wohngeldempfänger ausdehnen, wenn wir auf den sozialen Wohnungsbau verzichten?« Ich glaube, das ist in der Tat eine Gretchen-Frage. Denn damit wird auch festgelegt, welches finanzielle Volumen dafür aufgebracht werden muß. Und ich fürchte, meine Damen und Herren, daß wir dann mit dem Geld, das wir bisher für Wohngeld und Mietwohnungsbau ausgeben, nicht mehr auskommen werden.
Wir haben bisher die Situation, daß – glaube ich – 8 Prozent aller Haushalte Wohngeld bekommen; etwa 4 Milliarden DM im Jahr. Aber, meine Damen und Herren, das Wohngeld hört ja bereits bei 8 DM oder 9 DM pro Quadratmeter wieder auf. Dies ist ja für die großstädtische Situation völlig unzureichend. Hier wird kein Wohngeldempfänger in der Lage sein,

eine Wohnung neu anzumieten. Der Wohngeldempfänger muß ja nicht unbedingt in die neue Wohnung, in die teuerste Wohnung kommen. Das muß man auch mal sagen. Da kann man auch mal versuchen, etwas zu dämpfen. Aber es ist so, daß wir mit den jetzigen Wohngeldobergrenzen nicht auskommen. In dem Moment, wo wir die Obergrenze nur um ein Drittel anheben, wird ja die Subvention nicht nur um ein Drittel erhöht, sondern gleich verdoppelt. Das heißt also, aus den 4 Milliarden DM sind sofort 8 Milliarden DM geworden. Und wenn wir dann sagen: Die jetzigen Einkommensgrenzen für das Wohngeld reichen überhaupt nicht mehr aus, und wir müssen höher gehen: Wenn wir nur an die Grenze des Paragraphen 25 des Zweiten Wohnungsbaugesetzes gehen, dann wird der Kreis der Haushalte, die wohngeldberechtigt wären, mit einem Schlag sehr stark ausgeweitet.

Es wäre eigentlich wünschenswert, einmal eine Modellrechnung zu erstellen, wieviel Wohngeld, wieviel öffentliche Subventionen für Wohngeld ausgegeben werden müssen, wenn man auf den sozialen Mietwohnungsbau verzichten würde – eine Anregung an Herrn Dr. Schäfer und die anderen Verantwortlichen. Ich glaube, das wäre einmal interessant.

Ich bin dreißig Jahre in diesem Wanderzirkus, und wir diskutieren seitdem über diese Frage; aber es hat noch niemand die Rechnung angestellt: »Wie sieht es denn aus? Was würde das bringen?« Sie haben es ja auch angesprochen, Herr Professor Schneider, und vielleicht können Sie dazu etwas zur Aufhellung sagen.

Ich meine aber auch, meine Damen und Herren, wenn wir total umstellen auf Subjektförderung, erhöhen wir die kaufkräftige Nachfrage. Das heißt, wenn wir das Wohngeld über einen bestimmten Betrag erhöhen, sind damit natürlich auch mietpreiserhöhende Effekte verbunden. Auch das muß berücksichtigt werden.

PROFESSOR DR. HANS-K. SCHNEIDER

Ich habe das vor über zwanzig Jahren selbst berechnet. Damals war ich im Institut für Siedlungs- und Wohnungswesen an der Universität Münster tätig und habe gemeinsam mit meinem Mitarbeiter Schuppener in einer Untersuchung für die GEWOS die Vergleichsrechnung der Belastungen von Subjektförderung und Objektförderung für die öffentlichen Haushalte durchgeführt. Dieser Berechnung ist der damalige Gesamtbestand der öffentlich geförderten Sozialwohnungen, unterteilt nach Alter und anderen Merkmalen, zugrunde gelegt worden. Das Ergebnis der Berechnung ist eindeutig: Die Objektförderung ist viel, viel teurer! Diese Untersuchung ist vom Institut publiziert worden und hat breite Beachtung gefunden – sicherlich auch beim Deutschen Mieterbund! Es ist mir nicht bekannt, daß von irgendeiner Seite eine – seriöse – Alternativrechnung aufgemacht worden wäre.

ALLGEMEINE AUSSPRACHE ZUR WOHNUNGSPOLITIK

BURKHARD FICHTNER

Als Vertreter eines kommunalen Wohnungsunternehmens muß ich unter dem Thema »Mietwohnungsneubau« auf ein ganz besonderes Problem hinweisen.

Durch die unzureichende öffentliche Förderung haben insbesondere diese Unternehmen, weil sie im Verhältnis zu anderen Wohnungsunternehmen weiterhin gezwungen sind, Mietwohnungsbau zu betreiben, ganz erhebliche wirtschaftliche Verluste hinzunehmen. Pro Quadratmeter Wohnfläche können dies monatlich 10 DM und mehr sein, was bei einer Drei-Zimmer-Wohnung mit zirka 70 Quadratmetern einen Verlust von rund 10 000 DM im Jahr bedeutet.

Gleichzeitig stehen eine große Zahl ehemals mit Steuerersparnissen geförderte Wohnungen – wie zum Beispiel Einliegerwohnungen – leer, die vordringlich dem Mietwohnungsmarkt wieder zugeführt werden sollten. Nachdem zum Beispiel in Baden-Württemberg eine nochmalige Förderung durch eine Vermietungsprämie eine Resonanz von gegen »Null« hatte, wäre zur Erreichung dieses Zieles notfalls ein anderer, massiverer Weg zu beschreiten.

Zum zweiten möchte ich auf die nur mühsam und zögerlich eingeführte Fehlbelegungsabgabe hinweisen. Eine Fehlbelegung nach dem Gesichtspunkt »Wohnfläche« wird hierbei jedoch nicht geahndet; gemessen wird nur die Einkommenshöhe. Eine alleinstehende Person, die mittlerweile in einer Vier-Zimmer-Wohnung lebt, stellt ebenfalls eine Fehlbelegung dar, selbst wenn sie die erforderliche Einkommensgrenze einhält. So wird Wohnraum blockiert, der andererseits mit hohen Verlusten im Mietwohnungsneubau geschaffen werden muß.

Des weiteren möchte ich auf die schleppenden Entscheidungen im Zusammenhang mit der Verwaltung der freigegebenen Kasernen und insbesondere der dazugehörenden Wohnungen hinweisen. Bei uns in Schwäbisch Gmünd mit 60 000 Einwohnern sind dies, neben zwei großen Kasernen und sonstigem Gelände, zusätzlich 280 kurzfristig beziehbare Wohnungen. Diese stehen bereits heute zu rund 80 Prozent leer. Werden diese nicht kurzfristig dem Wohnungsmarkt mit derzeit rund 700 Notfällen übergeben, sind Hausbesetzungen nicht mehr auszuschließen – vielleicht fallen ja dann die erforderlichen Entscheidungen kurzfristiger. Da wird über einen angemessenen Verkehrswert nachgedacht, über Preisabschläge von 15 oder 50 Prozent – ich meine, es wird langsam Zeit, »Nägel mit Köpfen« zu machen. Ich habe damals das Beispiel in Baden-Baden als ausgesprochen erfrischend empfunden, als der dortige Bürgermeister die Kasernen beschlagnahmt hat, bevor sie anderweitig verkauft wurden.

Ein weiterer Aspekt der derzeitigen Wohnungsmarktentwicklung – Herr Hauser, da muß ich Sie ganz speziell ansprechen – ist die Belastung der Kommunen und ihrer Wohnungsunternehmen durch das zunehmende Obdachlosenproblem, wie überhaupt die Bereitstellung von Wohnraum für Randgruppen. Die Konzentration dieser Gruppen auf die Wohnungsbestände der kommunalen Wohnungsunternehmen – andere sind in der Regel ja nicht bereit, diese aufzunehmen – wird zu sozialen Spannungen führen. Es müssen Mittel gefunden werden, diese Haushalte auf dem Wohnungsmarkt »zu streuen«, um sie so wieder »wohnfähig« zu machen, was sie teilweise heute nicht sind.

Erst wenn man sich der Leerstandsproblematik angenommen hat, das Fehlbelegungsproblem grundlegend gelöst hat, eine sinnvolle Verwertung der Kasernen und der dazugehörigen Wohnungen geklärt hat und etwas gegen die zunehmende Konzentration von Problemfällen unternommen hat – erst dann sollten wir meines Erachtens wieder über Mietwohnungsneubau reden.

DIE PARTEIEN UND DIE WOHNUNGSPOLITIK FÜR MORGEN –
EIN PODIUMSGESPRÄCH
(DISKUSSIONSLEITER: MICHAEL JUNGBLUT)

MICHAEL JUNGBLUT

Wir haben ja heute schon einiges darüber gehört, was am Wohnungsmarkt los ist. Ich glaube, daß der Bedarf da ist, das ist keine Frage. Daß er steigen wird, kann auch kaum diskutiert werden. Angesichts auch der Zuwanderung, mit der zu rechnen ist, ist heute morgen auch einiges gesagt worden. Ich darf vielleicht hinzufügen: Wir sind gerade dabei, für eine Reportage, die wir planen, in der Sowjetunion und in anderen Ländern zu recherchieren. Sehr viele Leute sitzen auf dem Koffer und warten nur auf die Gelegenheit, daß sie rauskönnen. Von daher ist, glaube ich, die Prognose, daß der Bedarf durch Übersiedler, Aussiedler und andere Ausländer, die da noch dazukommen, steigt, sicherlich nicht falsch. Die Experten und Interessenvertreter – manchmal sind die auch nicht ganz einfach auseinanderzuhalten – haben dazu schon einiges gesagt. Es ist nun die Frage: Was tun die Politiker – jedenfalls, sofern sie dem Gesetzgeber in Bonn angehören –, um mit dem Problem fertig zu werden, die Forderung zu erfüllen, auf Dinge zu reagieren, die vielleicht in der Vergangenheit schiefgelaufen sind oder aus denen man zumindest hätte lernen können oder müssen. Ob's getan wird, werden wir dann sehen. Und ich würde vorschlagen, daß Sie drei erst einmal vielleicht auf einige Kernpunkte eingehen, auf Dinge, die Sie besonders berühren, und daß wir dann auch wieder rasch in eine allgemeine Diskussion kommen, denn ich könnte mir vorstellen, daß sowohl aus dem, was gesagt wird, als auch aus dem, was von heute morgen oder vorhin noch übrigblieb, sich noch eine ganze Menge Diskussionsbedarf ergibt.
Fangen wir mit der Regierung an, die eigentlich reagieren müßte.

DR. WALTER HITSCHLER

Wenn man ein Buch liest und feststellt, daß der Autor einen Gedanken niederschreibt, den man selbst einmal schon vorgedacht hat, dann freut man sich besonders und findet das Buch besonders gut. Mir ging es so, als ich Herrn Hauser heute hier zugehört hatte. Ich dachte, er kommt aus meiner Partei. Ich habe mich erkundigt, aber es trifft nicht zu.
Ganz allgemein darf ich sagen, das Vertrauen in die Machbarkeit der Politik ist allseits groß. Viele glauben, die Politiker müßten nur irgendwo irgendwelche Maßnahmen treffen, und alle Probleme könnten von heute auf morgen gelöst werden. Dem ist in der politischen Praxis sicherlich nicht so. Das Maß der staatlichen Einflußmöglichkeit ist bescheidener. Ich glaube, es beschränkt sich in der Wohnungspolitik darauf, die Rahmenbedingungen zu gestalten. Zu diesen Rahmenbedingungen gehören die Gestaltung der Förderung des sozialen Wohnungsbaus, die Gestaltung des Mietrechts, die Gestaltung der steuerrechtlichen Fördermaßnahmen,

um einmal einige wesentliche Dinge zu nennen. Man darf dabei eines nicht aus dem Auge verlieren, das ist, daß die Wohnungspolitik abhängig ist von und im Gesamtzusammenhang steht mit der gesamten Wirtschaftspolitik und der Gesamtpolitik. Und das ist heute hier in erfreulicher Klarheit schon gesagt worden, daß die Möglichkeit, mehr Geld auszugeben für die Wohnungspolitik, ganz einfach aufgrund der Haushalts- und Finanzsituation, in der sich der Bund befindet, nicht gegeben ist. Und während wir hier sitzen, finden Sondersitzungen unserer Fraktionen in Bonn statt, an denen wir beide hätten eigentlich teilnehmen müssen, die darüber sich unterhalten werden, welche Subventionen auch in der Wohnungspolitik gestrichen werden. Ich habe meine Vorschläge dazu allerdings in schriftlicher Form abgegeben. Und daß welche gestrichen werden, werden Sie wahrscheinlich morgen in der Zeitung lesen können. Grundsätzliche Ziele, die meine Partei verfolgt, sind, auf lange Sicht mehr Markt in der Wohnungswirtschaft zu verschaffen. Das betrifft sicherlich erstens die Grundstücksmärkte. Über die Probleme der regulierenden Eingriffe auf den verschiedenen Ebenen wurde hier schon Erhellendes gesagt. Es betrifft zweitens sicherlich auch das Mietrecht und natürlich die ganze Gestaltung des Förderkatalogs. Es ist drittens das Problem der Bildung des privaten Wohneigentums. Hier müssen wir erkennen und zugeben, daß angesichts der gegenwärtigen Situation hoher Zinsen, hoher Baukosten, hoher Baulandpreise im Prinzip die Bildung privaten Wohneigentums fast zum Erliegen gekommen ist, das heißt, man müßte eigentlich etwas tun, aber die Möglichkeiten dazu sind beschränkt. Und das vierte große Problem ist die Sicherstellung der Wohnraumversorgung a) derer, die einkommensschwach sind, das wollen wir über Wohngeld regeln; und b) der Problemgruppen mit Zugangsschwierigkeiten zum Wohnungsmarkt überhaupt, das kann nur über das Instrument des Belegrechts gelöst werden.

Eines Belegrechts, das so aussehen muß, daß dem Vermieter die Garantie gegeben wird, daß er seine Miete auch tatsächlich jeden Monat bekommt, und daß er gegen Vandalismus – gegen jede Form von Vandalismus – durch eine entsprechende Haftung gesichert wird; dann werden Vermieter auch bereit sein, an solche Problemgruppen Wohnungen zu vermieten. Es ist sicherlich richtig, zu sagen, daß die Sozialmieten bisher das Mietengefüge völlig verzerrt haben und dazu geführt haben, einer Mentalität Rechnung zu tragen, die es zwar als selbstverständlich ansieht, daß man die Mineralölsteuer erhöht und die Kosten für das Auto in eine bestimmte Höhe geklettert sind im Laufe der letzten Jahre, so daß der Bundesbürger im Durchschnitt heute für das Auto genausoviel Geld ausgibt wie für seine Wohnung, die es aber nicht als selbstverständlich ansieht, daß sich auch die Mieten verteuern; das heißt, die Relationen haben sich verschoben. Und die Tatsache, daß man einen höheren Teil seines Einkommens auch für Wohnung ausgeben muß, weil das Bauen auch in Zukunft nicht billiger, sondern teurer werden wird, daran werden wir gar nichts verändern können. Wenn wir die Umweltschutzvorschriften und den Umweltschutz ernst nehmen, wird das Bauen in den nächsten Jahren noch teurer, wenn die Wärmedämmverordnung und so weiter kommt. Sie wissen, was da alles ansteht. Es ist also eine Illusion zu glauben, Bauen würde billiger. Die Einkommensbelastung wird steigen, und wir müssen um Verständnis bei den Bürgern werben, daß da natürlich auch die Mieten mit einem entsprechenden Satz klettern.

Wenn wir uns über die Gestaltung des Wohngelds unterhalten, dann darf man eben nicht nur darüber reden, die Höchstgrenzen nach oben anzugeben – da bin ich sehr dafür, wir sind für eine völlige Neustrukturierung des Wohngelds –, sondern man muß auch die unteren Grenzen nach oben anheben, und dann wird nämlich die Gesamtbelastung durch das Wohngeld für die öffentliche Hand auch kleiner; das heißt, die Zumutbarkeit der Mietbelastung muß verändert werden, und es ist ganz einfach in meinen Augen ein Skandal, daß die Sozialmieten nicht ständig der Entwicklung angepaßt werden und daß wir heute noch Sozialmieten haben, die in meinem Land, aus dem ich komme und das allerdings zugegebenermaßen kein Ballungsgebiet ist, teilweise noch bei 4,80 DM und ähnlicher Größenordnung liegen. Und wenn Sie beispielsweise in die Großstadt Berlin gehen, dort haben Sie im Wohnungsbestand ein so niedriges Mietniveau wie in keinem anderen Bundesland; das ist in meinen Augen ganz einfach skandalös. Und wer die Illusion verbreitet, daß Wohnen ein auf Dauer billiges Gut sein muß, weil es eben ein Existenzgut ist, der macht sich einer volkswirtschaftlichen Sünde schuldig.

Was wollen wir in der Koalition? Wir wollen zumindest in meiner Partei in der Tat das, was Herr Hauser angedeutet hat: einen allmählichen Weg von der Objektförderung hin zur Subjektförderung. Wir sind uns dabei bewußt, daß das nicht von heute auf morgen geht, daß man diesen Schnitt nicht radikal vollziehen kann, sondern daß es ein allmählicher Übergang sein muß, und deshalb haben wir auch versucht, in der Koalitionsvereinbarung für diese Legislaturperiode zumindest einige Ansätze zu verwirklichen. Als einen dieser Ansätze bezeichne ich die Einigung über die Fehlbelegungsabgabe, daß wir sie flächendeckend einführen und daß wir sie staffeln bis zur Höhe der ortsüblichen Vergleichsmiete. Ein Zweites, daß die Kommunen die Einnahmen aus dieser Fehlbelegungsabgabe künftig nicht nur für den Neubau von Wohnungen verwenden können, sondern auch zum Kauf von Belegrechten aus dem Wohnungsbestand. Das ist ein völlig neuer Gesichtspunkt, ein völlig neuer Schritt, der gerade die Probleme aufgreift, die ich in der Tat genauso sehe wie der letzte Diskussionsteilnehmer, der über die Obdachlosen gesprochen hat. Das ist in der Tat ein Riesenproblem, das auf uns zukommt. Sie gehören zu jener Gruppe, die überhaupt Zugangsschwierigkeiten zum Wohnungsmarkt hat. Dort werden wir ohne weitere staatliche Eingriffe auch das Problem nicht lösen können. Da gebe ich sogar Herrn Schlich recht. In diesem Bereich ist der Markt blind. Das kann er nicht lösen, dazu ist er auch gar nicht da, und deshalb muß die öffentliche Hand dort auch weiter eingreifen.

Wir haben uns darauf geeinigt, den dritten Förderungsweg stärker in den Vordergrund zu stellen als bisher. Wir haben deshalb versucht, in die Verwaltungsvereinbarung mit den Ländern hineinzuschreiben, daß zwei Drittel der Mittel für den sozialen Wohnungsbau im dritten Förderungsweg vergeben werden müssen. Die Länder waren damit nicht einverstanden, deshalb heißt es nach wie vor: »sollen«. Aber wir haben einen Haushaltsvermerk im Haushalt drin, er sicherstellen soll, daß die Länder die Mittel tatsächlich im dritten Förderungsweg verwenden. Der dritte Förderungsweg hat nach unserer Auffassung den Vorteil, daß ganz einfach pro Wohneinheit weniger öffentliche Mittel verwendet werden müssen. Die Statistik für das Jahr 1990 – auf das gesamte Bundesgebiet bezogen – weist nach, daß Bund und Länder ohne den

Anteil der Kommunen, die also da noch mal erheblich Geld darauflegen, im ersten Förderungsweg pro Wohneinheit 99 335,46 DM auf den Pfennig genau aufgewandt haben, im dritten Förderungsweg 59 625,88 DM. Also im Prinzip kann man sagen: Rund 40 000 DM müssen im ersten Förderungsweg mehr aufgewendet werden als im dritten, um eine Sozialwohnung zu bauen; natürlich mit dem Unterschied, daß Sie im ersten Förderungsweg eine dreißigjährige Bindung haben, während Sie im dritten Förderungsweg durchschnittlich eine Sozialbindung von nur zehn Jahren haben. Aber wenn Sie jährlich denselben Bestand an öffentlichen Mitteln zehn Jahre lang für den ersten Förderungsweg hintereinander einsetzen, können Sie 691 910 Wohnungen im ersten Förderungsweg bauen; wenn Sie dieselbe Summe im dritten Förderungsweg verwenden – zu den Zahlen 1990 gerechnet –, können Sie 1,1 Millionen Wohnungen bauen, also rund 400 000 Wohnungen mehr. Zugegeben, ab einem bestimmten Zeitpunkt läßt sich das nicht weiterrechnen, aber für die ersten zehn Jahre, fünfzehn Jahre habe ich zumindest den Effekt, daß ich auf dem dritten Förderungsweg wesentlich mehr Sozialwohnungen fördern kann und vor allen Dingen Wohnungen, die dann eben schneller wieder dem Markt zugeführt werden, als das bei einer dreißigjährigen Bindung der Fall ist.

Und wir müssen angesichts der Knappheit der öffentlichen Kassen – das wurde ja sehr nachdrücklich hier auch unterstrichen – dazu kommen, wieder Anlegergruppen dem Markt zuzuführen, die in der Lage sind, den Wohnungsbau zu fördern. Es gibt institutionelle Anleger, die ganz ausgestiegen sind, und es gibt beispielsweise den Werkswohnungsbau, den wir fördern wollen. Meine Fraktion wird deshalb im Herbst diesen Jahres eine Anhörung durchführen, um einmal zu eruieren, wie man die Bedingungen für den Werkswohnungsbau fördern kann, wobei ich jetzt nicht nur den klassischen Bau meine, sondern auch die Förderung von privatem Wohneigentum durch Arbeitgeberdarlehen und ähnliche Dinge. Da gibt es steuerrechtliche Hemmnisse, die dem im Wege stehen, da gibt es aber auch mietrechtliche Hemmnisse, die den Werkswohnungsbau und seine vergleichbaren Formen hemmen. Wir wollen prüfen, was man ändern kann, um das ein bißchen voranzutreiben. Wir haben in der Koalitionsvereinbarung auch vorgesehen, daß die Kommunen, wenn sie in der Bebauungsplanung Industrie- und Gewerbeflächen ausweisen, gleichzeitig verpflichtet werden sollen – das kann der Bund nicht beschließen, das muß in einer gemeinsamen Kommission vorbereitet werden –, für den Wohnungsbau entsprechende Bebauungspläne aufzustellen. Das vorab einmal als ersten Einstieg einige Ansätze zu dem, was meine Fraktion will und was wir versuchen, in den nächsten Jahren anzustoßen.

MICHAEL JUNGBLUT

Vielen Dank, Herr Dr. Hitschler. Sie haben am Anfang gesagt, die Politik kann nicht alles machen – das ist richtig. Aber in Ihren Ausführungen ist es deutlich geworden, daß sie vieles falsch machen kann oder besser machen könnte. So kann man es auch sehen. Und wenn Sie sagen, daß die Bürger heute im Durchschnitt etwa soviel für das Auto ausgeben wie für die

DIE PARTEIEN UND DIE WOHNUNGSPOLITIK FÜR MORGEN

Wohnung, dann kann man natürlich auch zu Überlegungen verführt werden, was wohl wäre, wenn der Staat regulierend in den Automarkt eingegriffen hätte und zum Beispiel ein soziales Recht auf Beweglichkeit per Auto verfügt hätte! Dann würden wir wahrscheinlich auch eine ganze Menge dazuzahlen. Ich will das jetzt nicht weiterspinnen, aber es ist ganz verführerisch. Herr Dr. Conradi, machen wir mit Ihnen weiter. Sie haben zwar nach menschlichem Ermessen noch ein bißchen Zeit, über die künftige Wohnungspolitik nachzudenken, aber Sie können uns vielleicht doch schon sagen, wie sie dann aussehen würde, wenn Sie es beim nächsten Mal schaffen!

DR. PETER CONRADI

Ich fange polemisch an und höre friedfertig auf. Wir haben jetzt neun Jahre – im Oktober sind es neun Jahre – des Rückzugs des Staates aus der wohnungspolitischen Verantwortung. Die Lockerung des Mietrechts war der erste Schritt mit dem Versprechen, dann würden mehr Wohnungen gebaut. Die Abschaffung der steuerlichen Gemeinnützigkeit war der zweite Schritt mit dem Versprechen, dann würden mehr Wohnungen gebaut. Der Rückzug aus dem sozialen Wohnungsbau war der dritte Schritt mit dem Versprechen, dann würden mehr Wohnungen gebaut. Am Ende dieses Neun-Jahre-Zeitraums charakterisiert der wohnungspolitische Sprecher der CDU, mein Kollege Dr. Kansy, die Lage am Wohnungsmarkt als besorgniserregend. Die Wohnungsnot, so kündigt er an, werde sich verschärfen, die von der Regierung angekündigte 1 Million Wohnungen in drei Jahren werde keineswegs erreicht. Nach neun Jahren Rückzug des Staates aus der Wohnungspolitik haben wir geringere Neubauzahlen als jemals zuvor. In diesen neun Jahren sind weniger Wohnungen gebaut worden als in jedem anderen Neun-Jahre-Zeitraum seit 1949. Wenn eine Stadt wie Schwäbisch Gmünd, so habe ich heute gehört, eine Mittelstadt, 700 Notfälle hat, die sie in Hotels unterbringt – nicht Wohnungssuchende, das sind viel mehr –, dann fragt man sich, wie die CDU und FDP eigentlich die Stirn haben, diese Wohnungspolitik ihren Wählern als erfolgreich darzustellen, die in Wirklichkeit ein Fiasko herbeigeführt hat.

Wir haben heute morgen gehört, und das will ich hier noch einmal zitieren, weil ich das überzeugend fand, was Herr Dr. Hübl sagte: Die Hälfte der zusätzlichen Wohnungsnachfrager kommt von außen. Die zusätzlichen Aussiedler konnte niemand vorhersehen. Er hat auch gesagt, dieser Anteil werde sich in den nächsten Jahren erhöhen, und es gibt Leute, die sagen, das werde sich dramatisch verschärfen. Aber die andere Hälfte der zusätzlichen Nachfrager war vorhersehbar. Es gehörte wirklich keine Fantasie dazu, daß der Babyberg der frühen sechziger Jahre, der irgendwann Kindergartenplätze und später Lehrlingsplätze und später Hochschulplätze und Arbeitsplätze erforderte, 25 Jahre nach Geburt dieser Kinder auch zur Wohnungsnachfrage führen würde. Dazu müßte man nicht einmal studiert haben. Die Bundesregierung sowie die entsprechenden Sachverständigen haben aber diese sich von der Demographie her entwickelnde Wohnungsnachfrage noch bis in die Jahre 1987/88 bagatellisiert.

Meine Prognose ist für die Wohnungspolitik der nächsten Jahre, daß die Demokratie funktioniert. Wir haben heute einen überraschenden Vortrag zur baden-württembergischen Wohnungspolitik gehört. Ich habe da lauter alte Bekannte wiedergefunden. Neun Monate vor einer offenbar kritischen Wahl steuert die Landesregierung massiv um, verglichen mit dem, was der frühere Ministerpräsident gesagt hat: »Die Leute sollen einfach ein paar Jahre auf ihren Segelurlaub verzichten und Eigentum erwerben.« Das war die ständige Rede von Herrn Späth.

Meine Prognose ist: Auch im Bund wird sich die Wohnungspolitik spätestens ein Jahr vor der nächsten Wahl dramatisch ändern. Ich glaube, schon vorher, weil vor allem die Union befürchten muß, ihre soziale Kompetenz zu verlieren, und bei weiteren Stimmverlusten in den Großstädten eine andere Politik finden muß, wenn sie bestehen will. Notfalls machen wir das dann gemeinsam, denn die Gemeinsamkeiten zwischen der Union und den Sozialdemokraten sind in der Wohnungspolitik groß; es ist die FDP, an der jede Änderung zur Zeit scheitert. Dies war das polemische Kapitel.

Das zweite für den Hausherrn: Eigenheimförderung und Eigentumswohnung. In den 13 Jahren unter den sozialdemokratischen Bauministern Lauritzen, Vogel, Ravens und Haack sind mehr Eigentumswohnungen und Eigenheime gebaut worden als in den neun Jahren seither, und zwar pro Jahr wie im Durchschnitt dieser Jahre. Das heißt, auch der Eigentumswohnungsbau ist dramatisch zurückgegangen. Er geht vor allem jetzt aufgrund der zu hohen Zinsen deutlich zurück. Wir haben zum ersten Mal 1980 nach der Wahl vorgeschlagen, die Eigentumsförderung auf den Abzug von der Steuerschuld statt dem Abzug von der Bemessungsgrundlage umzustellen, mit dem Ziel einer verstärkten Förderung der Grenznachfrage. Das Facharbeiterehepaar, bei dem die Frau auch arbeitet, und die sitzen da und rechnen: Schaffen wir es, oder schaffen wir es nicht? Wir waren der Meinung, statt den Wohlstandskonsum durch den Steuerabzug oben zu fördern, sollten wir erheblich mehr in der Mitte tun, da sind ja durchaus noch Kapazitäten. Ich halte Herrn Hübls Einschätzung, da seien jährlich 150 000 Wohnungen zusätzlich drin – so hat er heute morgen vorgerechnet –, für optimistisch. Aber wenn man zur Zeit etwa 150 000 Eigenheim- oder Eigentumswohnungs-Bauherren pro Jahr nimmt und überlegt, daß da nochmals 100 000 dazukommen, könnte bei einer Umstellung der Förderung die Hälfte des Bedarfs erreicht werden. 500 000 Wohnungen im Jahr halten wir alle für notwendig; man könnte die Hälfte mit Eigentumsförderungsmaßnahmen in Gang setzen. Bei einer Sickerquote, Herr Hübl sprach von 64 Prozent, ich bin ein bißchen pessimistischer, selbst 50 Prozent wären ganz toll. Nur muß man dann die Eigentumsförderung so umstellen, daß sie den, der jetzt in einer Mietwohnung sitzt, womöglich noch ein Fehlbeleger ist, wirklich mit der Peitsche der Fehlbelegungsabgabe und dem Zucker der Eigentumsförderung aus dieser Fehlbelegungswohnung herauslockt, und das ist allemal billiger, als eine neue Vier-Zimmer-Wohnung zu bauen. Wir haben dazu unsere Vorschläge gemacht.

Ich sattle noch einen drauf, wohlwissend, daß Frau Matthäus-Maier toben würde, wenn sie das hörte, aber sie hört es nicht. Ich halte es für erwägenswert, eine Kumulation des Steuerabzugsbetrags zuzulassen. Wenn heute ein wohlhabendes Ehepaar eine Wohnung in Stuttgart gekauft hat, dann kann dieses Ehepaar eine zweite Wohnung in Sylt oder Tölz erwerben. Die

Mehrzahl aller Eigenheimerwerber oder Eigentumswohnungserwerber ist jedoch froh, wenn sie eine Wohnung bezahlen kann. Nun ist nicht einzusehen, warum bei mehreren Steuerpflichtigen die Abzugsbeträge nicht kumuliert werden können. Der Abzugsbetrag hat heute einen Wert von knapp 5000 DM im Jahr. Warum sollen zwei Leute nicht einen Abzugsbetrag von 8000 DM oder drei Leute einen von 12000 DM haben? Ich bin sicher, mit einer solchen Verbesserung der Förderung würde ein gewaltiger Anstoß in der Eigentumsbildung erzielt. Selbstverständlich muß man das auch rechnen, was das kostet. Aber die derzeitige Förderung ist weder sozial gerecht noch wirksam.

Letzter Punkt: Solange ich keine besseren Vorschläge habe, meine ich, wir werden den sozialen Wohnungsbau noch eine Weile brauchen. Ich halte den dritten Förderungsweg für rausgeworfenes Geld. Die gemeinnützigen Träger sagen, für 55000 DM und zu zehn Jahren steigen sie erst gar nicht ein. Das überlassen sie anderen. Dies sind Modelle, bei denen der Staat sein Geld für zehn Jahre herauswirft in der Hoffnung, daß die, die heute politisch verantwortlich sind, dann alle im Ruhestand sind und nicht ereilt werden von den Flüchen derer, die heute in die Wohnungen einziehen, deren Miete dann in zehn Jahren explodiert.

Ich frage mich: Warum ist der Markt nicht in der Lage? Der Markt ist zwar in der Lage, so hat Galbraith gesagt, Automobile und andere Konsumgegenstände in ausreichender Zahl zu vernünftigen Preisen zur Verfügung zu stellen. Warum klappt das in keiner westlichen Industriegesellschaft mit Wohnungen? Ich wäre schon interessiert, wenn die anwesenden Wirtschaftswissenschaftler einen Takt dazu sagen würden. Denn die Wohnungsversorgung ist am schlechtesten in den Ländern, in denen der Marktanteil am größten ist. In England und in den USA, den beiden führenden Ländern, die den Rückzug des Staates aus der Wohnungspolitik beschlossen haben, ist die Wohnungsversorgung der unteren Einkommensschichten heute am schlechtesten. Je höher das Engagement des Staates in der Wohnungspolitik war, also in Skandinavien oder Holland, um so besser ist die Wohnungsversorgung. Ich weiß, daß das System des sozialen Wohnungsbaus auf Dauer nicht haltbar ist, selbst mit Fehlbelegungsabgabe. Aber die Förderung allein mit dem Wohngeld kann mich nicht überzeugen. Der Charme des sozialen Wohnungsbaus ist, daß keineswegs jeder, der einen Wohnberechtigungsschein hat, auch eine Wohnung bekommt. Der Charme, sage ich, denn wir verteilen Wohnberechtigungsscheine an 40 Prozent der Bevölkerung, die keineswegs alle eine Sozialwohnung kriegen, weil wir keine haben. Würden Sie jetzt umstellen auf eine Wohngeldförderung und würden 25 Prozent Anteil vom verfügbaren Einkommen für die Miete für erträglich erklären und alles, was drüber ist, subventionieren, dann kommen nicht nur die, die heute im sozialen Wohnungsbau wohnen, sondern alle, die irgendwo privat 25, 26, 28 Prozent für die Miete ausgeben. Wenn Sie die dann alle auf einen Stand, der dem sozialen Wohnungsbau vergleichbar ist, heruntersubventionieren wollen, dann sage ich: Viel Glück auf dieser Reise! Das wird wesentlich teurer als der derzeitige soziale Mietwohnungsbau.

Ein Letztes: In der Bundesrepublik werden derzeit im Jahr etwa 45 Milliarden DM – so sind die Schätzungen, genaue Zahlen gibt es da nicht – an Verlusten aus Vermietung und Verpachtung geltend gemacht. Steuerverluste des Staates. Das muß eine entsetzliche Wirtschaft sein, wo solche wahnsinnigen Verluste entstehen! Rechnet man dazu, was der Staat dann noch aufwendet, dann geben wir etwa 60 Milliarden DM für den Wohnungsbau aus. Das ist ein Vielfaches dessen, was die DDR mit damals 15 Milliarden Ostmark ausgegeben hat.

ZWISCHENRUF MICHAEL JUNGBLUT:

So sieht es dort auch aus!

DR. PETER CONRADI

Der Behauptung, man sehe hier den Unterschied zwischen einer Staatswirtschaft und einer freien Marktwirtschaft, muß man entgegenhalten: In der sozialen Marktwirtschaft der Bundesrepublik hat der Staat viel, viel mehr für das Wohnen aufgewendet als die Staatswirtschaft der DDR. Meine Forderung ist, daß die Bundesrepublik ihr Geld vernünftiger, gerechter und wirksamer ausgibt, und dazu hätte ich gerne auch Ihre Meinung gehört.

MICHAEL JUNGBLUT

Vielen Dank, dazu wird nachher noch Gelegenheit sein. Frau Matthäus-Maier wird ihre Aufmerksamkeit im Augenblick auf andere Gebiete lenken, zum Beispiel auf den Umzug nach Berlin, was der kostet. Da können Sie also eine Zeitlang offen reden, da hat sie keine Zeit für Sie. Sie hatten vorher gesagt, es gäbe viele Gemeinsamkeiten mit der Union. Das werden wir jetzt gleich feststellen, wenn Herr Götz das Wort hat. Es wäre auch interessant zu fragen, wenn Sie sagen, da, wo der Staat einen hohen Anteil an der Wohnungsbaupolitik genommen hat, nämlich Holland, Schweden, da ist es besonders gut. Mir fällt da noch Österreich ein, da ist es nicht ganz so gut. Die Schweiz hat da wenig gemacht. Man müßte also nach den Gründen fragen: Was haben die gemacht, warum hat es in dem einen Fall geklappt und in dem anderen nicht geklappt sowohl mit Eingriffen als auch ohne Eingriffe. Aber zunächst Herr Götz.

PETER GÖTZ

Vielen Dank. Ich will jetzt nicht die Frage überprüfen, ob es in Schweden wirklich so gut ist, sondern will versuchen, einige Gesichtspunkte und einige Gedanken zum heutigen Thema zu sagen. Vorweg vielleicht ein Dank an die Wüstenrot Stiftung für die Durchführung dieses Forums. Ich glaube, das sollte am heutigen Tag auch einmal gesagt werden. Wir haben heute eine wirklich breite Palette erfahren können, und es war auch für mich persönlich wertvoll und hilfreich, die Ausführungen den ganzen Tag über verfolgen zu können. Es wurde heute vormit-

DIE PARTEIEN UND DIE WOHNUNGSPOLITIK FÜR MORGEN

tag sehr viel Richtiges gesagt, inhaltlich auch mit Fakten belegt. Ich kann auf Zahlen verzichten. Gerade Professor Hübl hat einige interessante Analysen und Perspektiven aufgezeigt. Ich sage nur, ich sehe es genauso. Insofern hier kein Dissens. Ich möchte aus meiner Sicht ein paar Eckpfeiler der Wohnungspolitik nennen:

Vorweg den Eckpfeiler, den ich persönlich auch im Vordergrund sehe, das ist die private Eigentumsförderung. Meine Damen und Herren, es wurde heute deutlich – ich glaube, Herr Hauser hat es nochmals ausgeführt –, wieviel privates Kapital in unserer Gesellschaft vorhanden ist, das irgendwo auf den Konten – das sag' ich jetzt mal – herumliegt. Entweder in Deutschland oder dort, wo eben die Zinsen etwas besser sind als bei uns. Es muß uns gelingen, und das ist das Ziel, dieses private Kapital wieder dem Wohnungsbau zuzuführen. Da gibt es sicherlich mehrere Wege. Ich komme im einzelnen vielleicht nachher noch kurz darauf zurück.

Zweitens: Ich persönlich halte das Wohngeld für die ausgewogene Lösung. Wir sollten dieses Wohngeld auch weiter ausbauen.

Und drittens sage ich: Wir brauchen auch in Zukunft den sozialen Wohnungsbau. Wir brauchen ihn mit Sicherheit noch für einige Jahre. Ich möchte den sozialen Wohnungsbau nicht im Vordergrund aller Überlegungen sehen, aber wir haben bestimmte Bevölkerungsschichten, die nicht in der Lage sind, jetzt und in Zukunft sich auf dem privaten Wohnungsmarkt zu versorgen. Auch hier ist die öffentliche Hand, ist der Staat gefordert.

Ein wichtiger Faktor für mich ist auch ein Thema, das heute ebenfalls angesprochen worden ist, das ist die Baulandbeschaffung. Wir können noch so tolle Programme entwickeln und hervorragende Steuermodelle erarbeiten: Wenn es nicht gelingt, das notwendige baureife Gelände für den Wohnungsbau zur Verfügung zu stellen, hilft das alles nichts; das heißt, die Städte und Gemeinden sind hier gefordert. Und ich habe von Herrn Vogel sehr positiv vernommen, daß aus der Sicht des Landes Baden-Württemberg in den nächsten Jahren bei der Zur-Verfügung-Stellung von Bauland mehr Flexibilität gewährleistet werden soll.

Wir haben und das sage ich auch in aller Deutlichkeit, die einmalige Chance, durch den Abzug der ehemals alliierten Streitkräfte, durch die Truppenreduzierung in unserem Land frei werdende Liegenschaften, vor allem in Ballungszentren, in größeren Städten und in zentralen Lagen überwiegend dem Wohnungsmarkt zur Verfügung zu stellen. Und ich bin sehr dankbar – und ich betone es auch deshalb, weil ich seit einem halben Jahr in dieser Frage ganz massiv gekämpft und auch gearbeitet habe, auch in der eigenen Partei. Der Bundesfinanzminister hat in der vergangenen Woche für die Bundesregierung erklärt, daß diese bundeseigenen Grundstücke künftig mit einem Abschlag von 50 Prozent auf unbebaute und bebaute bundeseigene Liegenschaften für bestimmte Zwecke, so unter anderem auch für den sozialen Wohnungsbau, für studentischen Wohnungsbau angeboten werden. Damit wird den Städten und Gemeinden eine Chance serviert, nicht nur zu diskutieren und tolle Entwicklungsprogramme zu erarbeiten, sondern handfeste Wohnungspolitik zu betreiben. Ich kann Ihnen, meine Damen und Herren, nur empfehlen – und das gilt auch für den Beitrag in der letzten Diskussionsrunde aus der Stadt mit 60 000 Einwohnern –: Bleiben Sie ganz massiv und aktiv am Ball.

Ich habe jetzt, um auch ein Beispiel zu nennen, zusammen mit dem Oberbürgermeister der

Stadt Baden-Baden – das ist mein Heimatwahlkreis – massiv an diesem Thema gearbeitet. Da geht es um 1 500 Wohnungen in einer Stadt, in der über 65 Hektar dem Wohnungsmarkt zur Verfügung gestellt werden können, wenn es gelingt, gemeinsam mit dem Bund als Eigentümer eine vernünftige Lösung zu finden. Und ich bin optimistisch und zuversichtlich, daß dies gelingen wird. Das geht nicht von alleine. Man muß etwas dafür tun, aber ich denke, wir sollten diese einmalige Chance für den Wohnungsbau nutzen.

Noch eine Bemerkung zu den 400 000 bis 440 000 Wohnungen, die man jährlich braucht, um der zukünftigen Entwicklung Rechnung zu tragen:

Wir sollten bei der Diskussion nicht verkennen, daß neben der Frage des Baulandes auch die Baukapazität eine Rolle spielt. Und wenn wir sehen, wie unsere Bauwirtschaft heute bereits boomt, wie es heute schon schwierig ist, überhaupt Material zeitnah zu bekommen, wenn Sie nur den Sanitärbereich nehmen, wie lange Lieferzeiten es schon gibt, um eine Badewanne oder ein Waschbecken auf die Beine zu stellen, dann sind es Anzeichen, die man vielleicht mit der deutschen Einheit begründen kann, einverstanden, aber es sind auch Anzeichen dafür, daß es doch nicht ganz so schnell gehen kann, wie wir das wollen.

Meine Damen und Herren, was wir brauchen, sind neue Konzepte, neue Ideen: Dem stimme ich zu, und ich möchte Sie, Herr Hauser, nochmals zitieren: Sie haben von treffsicheren Konzepten gesprochen. Darauf kommt es in letzter Konsequenz an, daß es treffsichere Konzepte für die Wohnungspolitik sein werden. Wie sehen die aus? Wie können diese aussehen? Auch hier nur einige Gedanken: Neben dem notwendigen Ausbau des Wohngeldes, das hatte ich vorher bereits genannt, neben notwendigen Veränderungen beim Paragraphen 10e, in welcher Form auch immer – darüber werden wir uns, Herr Conradi, Herr Dr. Hitschler, im Bauausschuß in den nächsten Wochen spätestens nach der Sommerpause intensiv zu unterhalten haben –, will ich zwei oder drei weitere Schwerpunkte nennen, die wir angehen sollten:

Erstens: Betreute altengerechte Wohnungen. Wir haben eine demographische Entwicklung, die jetzt im Moment noch nicht weh tut, die uns jedoch mit Sicherheit, wenn wir nichts an unserer Wohnungspolitik verändern, in den nächsten zehn, fünfzehn Jahren noch zu schaffen machen wird. Sie wissen alle besser als ich, daß die Wohnungspolitik einen entsprechenden Vorlauf braucht. Ich plädiere für stärkere Förderung von altengerechten Wohnungen durch die öffentliche Hand, denn durch das Freiwerden von bisher gebrauchten Wohnungen und Umzug älterer Menschen in kleinere Einheiten haben wir auch die Chance, Familien preisgünstig gebrauchten Wohnraum anzubieten.

Zweitens: Eine Idee, die ich in die parlamentarische Diskussion einbringen möchte, ist, darüber nachzudenken, den Erwerb von Genossenschaftsanteilen steuerlich zu fördern, das heißt Mietwohnungsbau mit dem Nutzungsrecht an einer Wohnung. Wenn das Mitglied einer Baugenossenschaft die Möglichkeit hat, Genossenschaftsanteile zu zeichnen – sicherlich in einer bestimmten Größenordnung, über die man sich unterhalten kann, ob es 15, 20 oder 25 Prozent der Kosten einer Wohnung sind –, und diese Genossenschaftsanteile dann genauso wie beim Erwerb von Eigentumswohnungen steuerbegünstigt anerkannt werden, könnte ich mir vorstellen, daß es dadurch möglich wird, viel breitere Bevölkerungsschichten zu Quasi-Wohneigentum zu verhelfen, und vor allen Dingen hoffe ich, daß das gelingen wird, was ich am Anfang gesagt habe, nämlich das vorhandene private Kapital zusätzlich zu aktivieren und dem Wohnungsbau zur Verfügung zu stellen.

Drittens: Herr Dr. Hitschler hat ihn bereits angesprochen, den Werkswohnungsbau. Ich sehe es genauso und möchte nicht wiederholen, was schon gesagt wurde. Nur soviel: Es muß wiederum möglich sein, den Werkswohnungsbau zu aktivieren, denn in der Regel ist in den Unternehmen das dafür notwendige Kapital vorhanden.

Wir werden auch darüber nachdenken müssen, die Einkommensgrenzen nach Paragraph 25 Zweites Wohnungsbaugesetz anzuheben; denn sonst macht vieles keinen Sinn, und ich bezweifle, Herr Conradi, daß 40 Prozent unserer Bevölkerung die Möglichkeit haben, einen Wohnberechtigungsschein nach Paragraph 5 Wohnungsbindungsgesetz zu erhalten. Das heißt, wir müssen diese Einkommensgrenzen anheben aus vielerlei Gründen, wenn wir einen Schritt weiterkommen wollen.

Und ein Letztes möchte ich ansprechen, was heute nicht so stark im Vordergrund stand, das ist die Städtebauförderung. Meine Damen und Herren, wir sollten ganz massiv an der Förderung des Städtebaus festhalten, weil es auch hier möglich ist, mit geringem Einsatz öffentlicher Mittel enorm viel privates Kapital zu bewegen. Ich denke jetzt nicht an Städtebauförderung, um irgendwo einen Zebrastreifen mit Marmorplatten auszulegen, um es provozierend zu sagen, sondern ich denke an Städtebauförderung kombiniert mit Wohnungsbau, das heißt, dort gezielt Städtebauförderung zu betreiben, wo die Städte und Gemeinden bereit sind, in diesen dann sanierten Quartieren die Flächen für den Wohnungsbau zur Verfügung zu stellen.

MICHAEL JUNGBLUT

Vielen Dank, Herr Götz. Jetzt habe ich natürlich eine ganze Menge Dinge, die mich reizen würden, Sie zu fragen, aber zunächst sollen Sie die Möglichkeit haben. Lassen Sie mich nur eine Frage stellen: Zum sozialen Wohnungsbau haben Sie ein klares Bekenntnis abgelegt. Herr Professor Schneider hat heute morgen gesagt: »Das ist die teuerste Form des Wohnungsbaus«, wenn ich sein Referat richtig verstanden habe. Was wollen Sie denn machen, um aus den Fehlern zu lernen, die ja doch in der Vergangenheit da waren, denn man kann den sozialen Wohnungsbau auch anders betreiben? Welche Variationen würden Sie heute einführen oder wollen Sie einführen?

PETER GÖTZ

Ich habe bewußt gesagt, sozialer Wohnungsbau auch, aber nicht im Vordergrund, sondern sehr stark im Hintergrund, weil hier die Objektförderung einen überproportional hohen finanziellen Einsatz von öffentlichen Geldern erfordert. Wir brauchen einen bestimmten Prozentsatz an sozialem Wohnungsbau, vor allem zur Unterbringung besonders sozial Schwacher. Ich denke an Problemgruppen, an Randgruppen, zum Beispiel an Obdachlose, deren Zahl beängstigend zunimmt, in einem gewissen Maß an die Unterbringung von Aussiedlern, die für die erste Zeit mit Wohnraum zu versorgen sind. Ich denke also nicht an einen breit angelegten sozialen Wohnungsbau. Ich sehe es ebenso, wie es Herr Dr. Hitschler vorhin schon gesagt hat: Ich halte den dritten Förderungsweg durchaus für eine vernünftige Lösung.

DR. PETER CONRADI

55 000 DM kommen von Bund und Land, die Städte müssen noch zwei Drittel dazugeben, also rund 100 000, insgesamt 150 000 DM, mit einer Bindung für nur sieben bis zehn Jahre, dies nenne ich rausgeschmissenes Geld. Nach zehn Jahren haben wir dann Mietsteigerungen in die Bereiche von 20 DM und darüber für den Personenkreis, der dort jetzt einzieht. Den Leuten muß man doch jetzt schon schriftlich mitteilen, daß sie den Umzug in zehn Jahren vorbereiten! Was ich anders machen würde? Ich würde den sozialen Mietwohnungsbau mit längeren Bindungen versehen, damit das Geld des Staates, das Geld der Allgemeinheit auch zu einer langfristigen Bindung führt. Ich würde zweitens die Fehlbelegungsabgabe in allen Ländern einführen, und zwar flächendeckend, und würde die Mittel wieder dem Wohnungsbau zuführen. Es ist richtig, daß die Leute, die im zweiten Förderungsweg Wohnungseigentum gebildet haben, nicht mit einer Fehlbelegungsabgabe belegt worden sind, sondern wenn sie ihre Schulden zurückgezahlt hatten, frei waren. Ich nehme diese Ungerechtigkeit ungern hin. Ich würde im sozialen Wohnungsbau von Anfang an mit steigenden Mieten kalkulieren und den Mietern sagen, daß ihre Miete vereinbarungsgemäß steigen wird, zum Beispiel um 1 Prozent langsamer, als die Einkommen steigen, das heißt, die Sozialmieten nicht festschreiben. Damit bekommen Sie auch eine andere Finanzierung. Helmut Schlich sagt jetzt gleich: »Das haben wir mit der degressiven Förderung probiert.« Aber ich glaube, man muß die Mieten mit der allgemeinen Einkommens- und Marktentwicklung weiterschreiben.

Ich habe eben noch einmal überschlagen, was das Wohngeld, für das Sie ja alle reden, kosten könnte. Wenn Sie 25 Prozent vom verfügbaren Einkommen im Durchschnitt als zumutbar erklären – das wäre wesentlich mehr als heute mit 22 Prozent – und alles, was darüberliegt, durch Wohngeld abfangen wollen, dann liegen vermutlich 40 Prozent der Haushalte über dem derzeitigen Mittelwert. Da können Sie mal überlegen, was Sie an Wohngeld reinstecken, das sind im Nu 25, 30 Milliarden DM pro Jahr an Wohngeld, ohne daß dadurch eine neue Wohnung entsteht. Ich finde es unehrlich, wie hier oben für den Ausbau des Wohngeldes argumentiert wird. Wer den Ausbau des Wohngeldes will, der muß sagen, welche Miete er für vertretbar hält. Das ist eine politische Entscheidung. Und dann muß er sagen, was das kostet. Wenn Sie der Meinung sind, 30 Prozent des verfügbaren Einkommens seien vertretbar und erst darüber wollen Sie Wohngeld gewähren, dann wird das Wohngeld billiger. Wer hier A Wohngeld sagt, der muß auch B sagen, ab welcher zumutbaren Eigenbelastung.

DIE PARTEIEN UND DIE WOHNUNGSPOLITIK FÜR MORGEN

BERND VON MONSCHAW

Vielleicht müßte man doch die Tatsache in die Betrachtung mit einbeziehen, daß mehr als die Hälfte der Einkommensschwächeren nicht im sozialen Wohnungsbau untergebracht ist, sondern im freifinanzierten Mietwohnungsbestand. Ich könnte mir deshalb sehr wohl denken, daß eine Neuregelung so aussehen könnte, daß man sagt: Um Belegungsbindungen zu haben für Haushalte mit Zugangsschwierigkeiten zum Markt – die ja nicht identisch sein müssen mit Einkommensschwäche –, soll es weiterhin sozialen Mietwohnungsbau geben; aber herabsubventioniert wird nur noch bis zur Vergleichsmiete, und die Mieten sollen sich auch hier mit der Vergleichsmiete weiterentwickeln, das heißt erhöhen können. Dann müßte natürlich das Wohngeld so ausgestattet werden, daß es immer mindestens bis zur Vergleichsmiete reicht. Eine Mietpreisspaltung und die damit einhergehende Ungleichbehandlung einkommensschwächerer Haushalte innerhalb und außerhalb des Sozialmietwohnungsbestandes würden damit künftig vermieden.

Ich teile nicht die Auffassung, daß es möglich sei, alleine über das Wohngeld, und ich sage bewußt »alleine«, das heißt ohne jedwede andere Abschreibungsmöglichkeit oder Förderung, Neubau zu initiieren. Das Wohngeld kann keine Neubauförderung sein, denn sonst müßte das Wohngeld die ganze Mietenpalette, einschließlich der Neubaumieten von bis zu 30 DM abdecken. Dann steigt der Aufwand dafür wirklich in Höhen, der nicht mehr machbar ist.

Man könnte sich einen zweiten Weg des sozialen Wohnungsbaus vorstellen, wo dann aber nach meiner Ansicht keine Dauermietverträge mehr vergeben werden sollten. Man hat in Israel »kooperative Wohnformen« – so nennt man sie dort – entwickelt, wo gerade jetzt die Aussiedler aus der Sowjetunion untergebracht werden, die auch gewisse Integrationsschwierigkeiten haben. In kooperativen Wohnformen können die Aussiedler zum Beispiel erst einmal eine Sprachschulung durchlaufen und auch anderweitig betreut werden. Das sind Wohnformen für betreutes Wohnen – Wohnheim sagt man nicht mehr so gerne –, wo die Unterbringung zeitlich befristet kombiniert wird mit bestimmten Betreuungsleistungen, die die spätere Unterbringung im normalen Markt erleichtern. Für solche speziellen Einrichtungen, die die Gemeinde in gewisser Anzahl verfügbar haben sollte, würden auch besonders niedrige Mieten oder gar eine Mietfreistellung Sinn machen für Bevölkerungskreise, die zur Zeit ohnehin kein eigenes Einkommen haben, das heißt chronische Sozialfälle oder eben Übergangsfälle. Da könnte man sagen: »Hier kann die Gemeinde gleich ganz kaufen, und das sind dann ihre Wohnungen, da kann sie die Miete kalkulieren, wie sie will.« Das ist aber nicht ein Wohnungsmarktsegment, sondern ein spezielles Unterbringungssegment.

Etwa so zweigleisig könnte ich mir ein neues Gesamtsystem von Wohngeld und Objektförderung vorstellen, wobei man die Objektförderung natürlich noch mal differenzieren und mehr in Richtung Eigentum gehen sollte, um stärker die Haushalte zu berücksichtigen, die auch selber mehr zu den Kosten beitragen können.

Die aktuellen Probleme am Wohnungsmarkt resultieren zum Großteil auch daher, daß sehr viele einkommensstärkere Haushalte große Wohnflächen aus dem preisgünstigen Bestand anmieten. Gerade in den Städten sind es die vielen kinderlosen Haushalte, die sich größere Wohnflächen leisten und dafür hohe Mieten zahlen können.

Ziel der Wohnungspolitik müßte sein, diesen Nachfragedruck vom Mietwohnungsbestand abzulenken, indem man das Leistungspotential dieser Haushalte für den Neubau von Eigentumswohnungen aktiviert. Wenn das nicht gelingt, gehen durch den Nachfragedruck einkommensstärkerer Haushalte im preisgünstigen Mietwohnungsbestand unter Umständen mehr Wohnungen für die Unterbringung einkommensschwächerer Haushalte verloren, als gleichzeitig im Sozialmietwohnungsbau neu geschaffen werden. In vielen Städten ist das inzwischen wahrscheinlich der Fall. Per saldo ist dann durch den Neubau von Sozialmietwohnungen für die Unterbringung Einkommensschwächerer gar nichts gewonnen.

Im Gesamtkonzept der Wohnungsbauförderung gilt es diese Zusammenhänge zu berücksichtigen. Konkret bedeutet das, vor allem in den Städten, auf die sich die Wohnungsnachfrage konzentriert, die Möglichkeiten zur Wohneigentumsbildung für die breiten leistungsfähigen Mittelschichten zu verbessern.

PETER DÜRR

Wenn heute soviel gesprochen wird vom Rückbau, vom sozialen Wohnungsbau, Abbau der Subventionen, wenn unsere Regierung alte Fehler wieder aufgreifen will, dann stellt sich für mich die Frage: Wer hat für den Wohnungsbau, für die Wohnungsversorgung von breiten Schichten der Bevölkerung in der Nachkriegszeit bis heute also gesorgt? War das nicht gerade der soziale Wohnungsbau und hier die ehemals gemeinnützigen Wohnungsunternehmen? Die gemeinnützigen Wohnungsunternehmen wurden mit einer Ausnahme, von Herrn Conradi, mit keinem Satz erwähnt. Wenn Sie also sagen, Herr Dr. Hitschler, daß durch den dritten Förderungsweg mehr Wohnungen gebaut sind, da schmeißen Sie sich ja Sand in die Augen, da kann ja irgend was nicht stimmen. Wer bringt denn die über 40 000 DM hinausgehenden Mittel auf? Die bringen bis heute die Kommunen und die gemeinnützigen Wohnungsunternehmen auf. Die haben sie jetzt in den letzten zwei Jahren noch aufgebracht. Die bringen sie vielleicht noch ein Jahr auf, aber dann ist es fertig. Dann können wir nicht mehr bauen, dann stehen Ihnen die ganzen Notfälle auf der Matte, zunächst den Kommunalpolitikern, dann den Landespolitikern und dann den Bundespolitikern, und dann sehen Sie mal, wo die Probleme sind. Wir decken vor Ort Ihre Probleme noch ab. Und mit Ihrem dritten Förderungsweg, der bei uns in Baden-Württemberg so propagiert wird, macht man noch die gesunden Wohnungsunternehmen bankrott, und wenn die bankrott sind (in drei Jahren), und wenn die Wohnungsnot so weitergeht, dann bin ich gespannt, wo unsere Politik hingeht.

DIE PARTEIEN UND DIE WOHNUNGSPOLITIK FÜR MORGEN

MICHAEL JUNGBLUT

Danke schön! Sie haben offenbar da einigen aus dem Herzen gesprochen. Ich weiß nicht, möchte jemand noch was sagen, sonst würde ich sagen, wir machen die Schlußrunde dann. Und Sie hatten sich speziell zu dem letzten Beitrag gemeldet, dann ist es am besten, Sie fangen dann an.

PETER GÖTZ

Ich möchte gerade zum letzten Beitrag noch eine Bemerkung machen. In meinen kurzen Ausführungen habe ich versucht, dieses Thema anzureißen. Es geht um den großen Bereich der gemeinnützigen Wohnungswirtschaft, vor allem um den genossenschaftlichen Wohnungsbau. Wir sollten allen Ernstes darüber nachdenken, inwieweit wir diese Möglichkeit aktivieren.

(ZWISCHENRUF)

PETER GÖTZ

Nun, ich bin erst seit wenigen Monaten Mitglied im Bundestag. Ich bitte also um Nachsicht, daß ich vor zwanzig Jahren das Thema noch nicht aufgegriffen habe.

(ZWISCHENRUF)

PETER GÖTZ

Ich sage auch nicht, daß das das Thema der CDU-Fraktion ist, sondern ich habe vorher bewußt gesagt: Das ist eine von mir in die parlamentarische Diskussion gebrachte Überlegung, weil ich es aus der heutigen Sicht, bei den heutigen Problemen für richtungsweisend halten würde und weil ich darin eine Chance sehe, eine echte Chance, wieder mehr privates Kapital dem Wohnungsmarkt zur Verfügung zu stellen. Es wird uns nicht gelingen, alles mit öffentlichen Mitteln durch den Staat finanzieren zu wollen. Das Geld dafür ist einfach nicht vorhanden. Das sollte man auch deutlich sagen. Wir können zwar laut rufen: »Wir brauchen mehr öffentliche Gelder, wir brauchen mehr Staat« – dies hilft uns jedoch nicht weiter. Wir alle wissen: Keiner will eine Erhöhung der Steuern. Jeder sagt: »Um Gottes willen, keine weitere Verschuldung der öffentlichen Hand, sonst gehen die Zinsen noch höher, um dann noch mehr den Wohnungsmarkt lahmzulegen!« Auch der Abbau von Subventionen stößt an Schmerzgrenzen. Das heißt doch, wir müssen uns was Neues einfallen lassen. Und ich bin der Meinung, daß dieser Gedanke, den genossenschaftlichen Wohnungsbau zu fördern, auch wenn er schon zwanzig Jahre alt ist – ich nehme für mich nicht das Recht in Anspruch, der Urheber dieses Gedankens zu sein, sondern ich meine nur, wir sollten diesen Gedanken wiederum in die wohnungspolitische Diskussion einbringen –, weil ich darin eine Chance sehe, ich wiederhole mich jetzt: erstens, privates Kapital zu bewegen; zweitens, die Genossenschaften oder Wohnungsbaugesellschaften wiederum in die Situation zu versetzen, tatsächlich auch bauen zu können – unterm Strich: auch noch wirtschaftlich – und drittens, wirklich breiten Bevölkerungsschichten Möglichkeiten zu eröffnen, steuerbegünstigt Genossenschaftsanteile zu erwerben und das Angesparte, vielleicht auch mit Hilfe eines Bausparvertrags, mit einzubringen und so zu einer Wohnung zu gelangen. Mit diesem Vorschlag sehe ich unter anderem eine Chance, die Probleme auf dem Wohnungsmarkt lösen zu helfen.

MICHAEL JUNGBLUT

Ja, manchmal dauert es eben zwanzig Jahre, bis sich so ein gewisser Gedanke rumspricht. Vielleicht denkt Herr Götz auf der Heimfahrt auch darüber nach, ob er nicht was Falsches gesagt hat und ob er jetzt nicht mit Dr. Hitschler Ärger bekommt, wenn nicht schon mit der eigenen Fraktion. Herr Dr. Hitschler, wie sehen Sie das?

DR. WALTER HITSCHLER

Ich wollte zu diesem Thema nicht Stellung nehmen, sondern zu einem anderen, nämlich zu der Einlassung des Vertreters der gemeinnützigen Wohnungswirtschaft. Der soziale Wohnungsbau ist ganz einfach auf dem ersten Förderungsweg, den Sie so hochhalten, nicht mehr finanzierbar, wenn die Stadt Wiesbaden beispielsweise für eine Wohneinheit im ersten Förderungsweg 264 000 DM an öffentlichen Mitteln aufwenden muß. Da müssen Sie sagen: »Bei dem Bedarf, den wir haben, ist das nicht machbar.« Und da können Sie einfach keine Politik vertreten, die immer nur mehr und mehr fordert, sondern man muß sich in der Tat neue Wege überlegen. Der dritte Förderungsweg ist ein neuer Weg. Und es gibt ein heftiges Sträuben gerade Ihrerseits. Und ich muß Ihnen eines sagen: Mir ist es gleichgültig, wer die Wohnungen baut; ob Sie die Wohnungen bauen, interessiert mich überhaupt nicht. Mich interessiert, daß Wohnungen gebaut werden. Wer sie baut, ist eine ganz andere Frage. Und wenn das Land Niedersachsen die Erfahrung mit dem dritten Förderungsweg gemacht hat, und zwar eine sehr positive Erfahrung, dann ist das ein Beispiel dafür, daß es eben von der Gestaltung der Landesförderrichtlinien abhängt, ob der dritte Förderungsweg am Markt tatsächlich angenommen wird oder nicht. Ich kann natürlich auch die Landesförderrichtlinien so gestalten, daß sie schiefgehen, das ist doch kein Problem. Dann kann ich mich natürlich hinstellen und sagen: »Der dritte Förderungsweg funktioniert nicht.« Das ist logisch. Das kann ich machen. Aber er funktioniert, und es gibt eben Beispiele in den Bundesländern. Wir haben ja im letzten Jahr 1990 schon fast genauso viele Sozialwohnungen auf dem dritten Förderungsweg errichtet wie im ersten Förderungsweg. Da können Sie doch nicht sagen: »Der dritte Förderungsweg funktioniert nicht.« Er funktioniert. Er funktioniert vielleicht nicht bei gemeinnützigen Wohnungsbaugesellschaften. Und über eines, glaube ich, müssen wir uns im klaren sein: An der Tatsache, daß der Investor eine Rendite beziehen muß, die vergleichbar ist mit anderen Anlagemöglichkeiten unter Ausnutzung der steuerlichen Vorteile und unter Berücksichtigung der Steuern und so weiter, kommen wir nicht vorbei, sonst investiert er nicht im Wohnungsbau. Und das bedeutet, daß ich auf Dauer für eine langfristige Kalkulation eine kostengerechte Miete erzielen muß. Wer das leugnet, der steht ganz einfach mit den Füßen nicht mehr auf dem Boden. Also muß ich dafür sorgen, und nur so geht es, daß die Investoren entsprechende Mieten bekommen, damit Wohnungen gebaut werden.

Dann taucht auf der anderen Seite das soziale Problem auf. Da stimme ich lieber einer Lösung zu, die sagt: Wir müssen das Problem der öffentlichen Förderung so lösen, daß wir die Mieter zahlungsfähig machen, damit sie ihre Miete zahlen können. Da ist mir das Wohngeld ein guter Weg, auf dem ich, nach meiner Auffassung, marktgerechter, bedarfsgerechter, zielgenauer, treffsicher und unter Umständen – das will ich nicht beschwören – billiger dieses Ziel erreichen kann. Ich wollte mich aber eigentlich melden zu der Frage, die Herr Kollege Conradi angesprochen hat: Steuerabzug von der Steuerschuld. Herr Conradi, wir haben überhaupt nichts dagegen. Wir haben das auch im Bundestag deutlich gemacht.

Zugegeben, wir sind klüger geworden. Die Situation ist heute eine andere. Hier ist das Papier meines Kollegen Gattermann, der genau das vorschlägt, was Herr Hauser hier gefordert hat: keine weitere Subventionierung des Wohlstandsbedarfs. Es soll eine Einkommensgrenze eingeführt werden in dem Paragraphen 10e (120/240 000 DM); darüber gibt es keinen Steuerabzug mehr nach Paragraph 10e. Es wird wahrscheinlich heute nachmittag beschlossen. Ich gehe einmal davon aus, ich weiß das nicht genau; wenn sich Frau Adam-Schwaetzer durchsetzt, wird es vielleicht noch etwas hinausgeschoben; aber das kommt. Und jetzt hatten wir einen Vermittlungsvorschlag des Bundesrats auf Abzug von der Steuerschuld umzustellen, genau das, was Sie fordern. Mit der Mehrheit der SPD-regierten Länder ging's in den Vermittlungsausschuß, und was geschah? Plötzlich haben die Länder festgestellt: Wenn sie das machen, kostet es sie zwischen 4 und 5 Milliarden DM insgesamt an Steuerverzicht, und davon profitieren sie nach der Aufteilung an Einkommensteuer, das heißt, sie profitieren in dem Falle nicht davon, sondern es würde ein solcher Beschluß für die Länder bedeuten, daß sie rund 2 Milliarden DM weniger Einnahmen haben, und deshalb haben sie das Problem in den Herbst verschoben. Das ist also kein Problem der Staatsfinanzen geworden. Das müssen wir einmal ganz klar sagen. Wir sind heute alle drei, wie wir hier sitzen, für den direkten Abzug von der Steuerschuld, weil es gerechter ist und vor allen Dingen wohnungspolitisch im Bereich der unteren Einkommen, wo wir Leute zum Wohneigentum hinführen müssen, sinnvoller. Aber das umzusetzen und zu machen – politisch –, das ist das Problem. Und wenn ich das jetzt aufkommensneutral mache, wenn es nicht mehr kosten darf, als der Paragraph 10e gegenwärtig kostet, dann bringt es mir in dem Bereich überhaupt nichts. Dann ist es eine sinnlose Maßnahme. Es hat also nur Sinn, den direkten Abzug von der Steuerschuld zu machen, wenn der Finanzminister seine Bereitschaft erklärt, auf 4 bis 5 Milliarden DM Steuereinnahmen zu verzichten. Und deshalb sage ich Ihnen, und ich prophezeie Ihnen das, daß wir das im Herbst nicht kriegen. Nicht, weil der *Bund* nicht will, sondern weil die *Länder* nicht wollen, denn die Länder müssen dann auf Geld verzichten. Und deshalb stellt sich die Frage nach der Alternative. Und ich sage Ihnen, auch dem Hausherrn hier, wenn über Bausparförderung gesprochen wird: Ich habe vorgeschlagen, wenn wir schon kürzen müssen, dann halte ich den Vorschlag Möllemann, die Prämie auf 5 Prozent zu senken in den alten Bundesländern, für dummes Zeug. Dann sollte man sie ganz streichen. Ich hielt es für die gegenwärtige Situation für ein völlig falsches Signal. Ich bin also für die Beibehaltung der gegenwärtigen Prämie von 10 Prozent in den alten Bundesländern. Ich meine aber, und das wäre ein Einsparvorschlag, daß man die Bausparprämie erst dann auszahlen sollte, wenn die Mittel für wohnungswirtschaftliche Zwecke tatsächlich eingesetzt werden, und erst dann, nicht vorher. Damit kann zumindest für diese zeitliche Spanne der Staat eine Menge Geld sparen. Das nur noch mal als Anmerkung zu der Frage: Wohneigentumsbildung und welche Instrumente stehen uns zur Verfügung, sie ein bißchen zu fördern?

MICHAEL JUNGBLUT

Ja, ich stelle fest, bei Ihnen darf Herr Möllemann nicht zuhören, bei Ihnen Frau Matthäus-Maier nicht, bei Ihnen die ganze Fraktion nicht; das ist hier also eine Geheimveranstaltung, damit das also klar ist. So, Herr Conradi, Sie haben es jetzt in der Hand, ob Ihre Kollegen das Flugzeug verpassen oder nicht.

DR. PETER CONRADI

Im Himmel ist mehr Freude über einen reuigen Sünder, auch wenn es zehn Jahre dauert, als über die Gerechten, und wenn die Koalition uns mit einem Verzug von mehreren Jahren nachkommt, dann habe ich nichts dagegen. Wenn wir im Jahr rund 45 Milliarden DM Steuerverluste aus Vermietung und Verpachtung haben, die zum Teil durch unsinnige Abschreibungsregelungen begründet sind, nach denen Häuser mehrfach nacheinander durch jeden neuen Erwerber abgeschrieben werden, bei 45 Milliarden DM allein an Steuerverzichten, sollten wir die 3 bis 4 Milliarden DM, die eine vernünftige Eigentumsförderung kostet, wohl haben. Da müssen wir uns überlegen, ob die Abschreibungsregelungen so weitergelten sollten.
Eine Frage war hier, ob die Gemeinden nicht den Wohnungsbau machen sollen. Ich habe darüber oft nachgedacht und mir das in anderen Ländern angeschaut. England und Amerika mit

Public-housing in Zuständigkeit der Counties und der Gemeinden sind kein positives Beispiel. Die westdeutsche Regelung der gemeinsamen Verantwortung von Bund, Ländern und Gemeinden hat bei aller Mühseligkeit, aller Bürokratie doch zu einem besseren Ergebnis geführt als die Regelung der Länder, die das alleine den Gemeinden überlassen, mit großen Disparitäten zwischen reichen und armen Gemeinden.

Wohnungsgemeinnützigkeit? Auch da ist die Freude im Himmel groß. Herr Götz, Sie werden dem Antrag bald zustimmen können, die Genossenschaften mit hereinzunehmen. Ich bin sicher, wir brauchen in wenigen Jahren eine neue Wohnungsgemeinnützigkeit, wie immer wir die organisieren. Es gibt keinen Kommunalpolitiker, ganz egal welcher Couleur, der mir nicht bestätigt, daß die Abschaffung der Wohnungsgemeinnützigkeit nicht nur ein riesiger Vermögenstransfer war, von dem der Sachverständigenrat nicht redet – geschätzt: 600 Milliarden DM Transfer –, sondern gleichzeitig ein schwerer sozialpolitischer Fehler war.

Letzter Punkt: Jeder Eigenheimer weiß, die ersten fünfzehn Jahre sind grauenvoll, und dann wird's angenehm. Das heißt, die Anfangsfinanzierung von Wohnungen ist immer schwierig. Dasselbe gilt eigentlich auch bei der Mietwohnung. Bei der Mietwohnung kriegt der Bauherr jahrelang nicht die Verzinsung, die er braucht. Also müssen wir uns ein System ausdenken, bei dem über Steuern, über soziale Wohnungsbaumittel, über Wohngeld die ersten fünfzehn Jahre überbrückt werden. Dann aber soll die Wohnung in den Markt reinrutschen, denn dann sind die wesentlichen Schulden getilgt, dann kann die Wohnung marktmäßig vermietet werden. Da werden wir uns noch viel einfallen lassen müssen. Ich räume ein: Der derzeitige soziale Mietwohnungsbau ist nicht erstrebenswert, er könnte verbessert werden. Auf ihn zu verzichten, bin ich nicht bereit, und jeder, der kommunale Verantwortung hat, stimmt mir da zu. Wir haben 10 bis 15 Prozent Haushalte, die auch mit Wohngeld und Belegungsbindung nicht unterzubringen sind. Deshalb brauchen wir auch weiterhin einen sozialen Mietwohnungsbau.

MICHAEL JUNGBLUT

Eins ist zumindest klargeworden: daß angesichts der sehr angespannten Finanzlage und der Aufgaben, die da, auch von den neuen Ländern, auf uns zukommen, wirklich keine Mark falsch ausgegeben werden darf. Nur, die Frage ist: Welche Mark wird wo falsch ausgegeben? Und da gibt es natürlich noch immer große Unterschiede. Herr Schlich hat von dem Wanderzirkus gesprochen, der ja eigentlich in allen diesen Diskussionsthemen immer wieder besteht, wo die Leute sich seit vielen Jahren immer wieder treffen. Aber wir haben vielleicht heute doch festgestellt, daß im Laufe der Zeit doch von dem einen oder anderen das Argument angenommen wird, daß man darüber nachdenkt. Das geht sicherlich nicht schnell, dazu geht es auch um zu viele Milliarden. Aber insofern bringen solche Gespräche vielleicht dann doch wieder etwas, und da darf der Dank an die Stiftung, den Sie ausgesprochen haben, hier ruhig noch einmal wiederholt werden. Es ist sicherlich hilfreich und nützlich, wenn so etwas immer wieder gemacht wird, und vielleicht wäre es auch eine weitere Aufgabe für die Stiftung, daß sie – ich weiß nicht, wie hohe Mittel sie hat – mal eine Untersuchung finanziert über Elemente erfolgreicher Wohnungsbaupolitik. Wir haben ja von verschiedenen hier gehört, in Schweden, in Holland und in der Schweiz, in England hat man vieles falsch, vieles richtig gemacht, bei uns auch, und möglicherweise kann man das irgendwann einmal zusammentragen. Einigung wird dann immer noch nicht herrschen, dazu sind die Interessen zu unterschiedlich. Aber vielleicht führt es dann doch dazu, daß die eine oder andere Mark dann richtig ausgegeben wird, und dann hätte es sich schon gelohnt.

AUTORENVERZEICHNIS

Altenmüller, Reinhard, Dr.
Nach dem Studium der Rechtswissenschaften und dem Referendariat 1974/75 Rechtsanwalt in Köln; 1976 Eintritt in die Verwaltung des Landes Baden-Württemberg, in der Folgezeit in verschiedenen Behörden und Verwaltungsbereichen tätig; seit 1979 im Innenministerium Baden-Württemberg; seit Sommer 1989 Leiter des Referates Wohnungs- und Siedlungswesen; Mitglied des Baufinanzierungsausschusses der Arbeitsgemeinschaft der für das Bau-, Wohnungs- und Siedlungswesen zuständigen Minister der Länder.

Conradi, Peter, Dr.
Mitglied des Bundestags; SPD-Mitglied seit 1959; stellvertretender Vorsitzender im Bundestag-Ausschuß für Raumordnung, Bauwesen und Städtebau; stellvertretendes Mitglied im Bundestag-Innen- und -Umweltausschuß; Mitglied des Ältestenrats, der Kunstkommission, der Baukommission und der Konzeptkommission.

Dürr, Peter
Seit 1955 in der Stadtverwaltung Ludwigshafen beschäftigt und bis zum 30.9.1977 überwiegend im Liegenschaftswesen und Sanierungsbereich eingesetzt. Zwischenzeitlich Diplom der Verwaltungs- und Wirtschaftsakademie erworben. Am 1.10.1977 zur Stadtverwaltung Heilbronn gewechselt und über die Abteilungsleitung für den Stadterneuerungsbereich 1987 zum Amtsleiter für das Amt für Liegenschaften und Wirtschaftsförderung gewählt. Seit 1.7.1990 Geschäftsführer der Stadtsiedlung Heilbronn GmbH, eines kommunalen Wohnungsunternehmens mit ca. 4000 Mietwohnungen.

Fichtner, Burkhard
Nach Studium der Volkswirtschaft berufliche Tätigkeiten in gemeinnützigen Wohnungsunternehmen: Wohnbau Württemberg GmbH und Bietigheimer Wohnbau GmbH. Seit neun Jahren Geschäftsführer des kommunalen Wohnungsunternehmens der Stadt Schwäbisch Gmünd, der Vereinigten Gmünder Wohnungsbaugesellschaft mbH. Stellvertretender Vorsitzender der Vereinigung baden-württembergischer kommunaler Wohnungsunternehmen, Vorsitzender des Beirats für Öffentlichkeitsarbeit im Verband baden-württembergischer Wohnungsunternehmen e.V.

Götz, Peter
Bürgermeister a.D.: Mitglied des Bundestags (CDU), bis 1985 Leiter des Bauverwaltungsamtes und der Koordinierungsstelle für Umweltschutz; 1985 bis 1990 Erster Beigeordneter (Bürgermeister) der Stadt Gaggenau. Seit 1990 Abgeordneter des Wahlkreises Rastatt im Deutschen Bundestag; Mitglied des Ausschusses Raumordnung, Städtebau und Wohnungswesen, der Konzeptkommission des Ältestenrats sowie des Finanzausschusses und des Ausschusses Familie und Senioren.

AUTORENVERZEICHNIS

Hauser, Werner
Oberbürgermeister a.D. Seit 1962 im öffentlichen Dienst beschäftigt (Kommunale Verwaltung, Innenministerium), 1975 bis 1988 Oberbürgermeister der Stadt Kirchheim/Teck. Seit 1988 Geschäftsführendes Vorstandsmitglied beim Städtetag Baden-Württemberg.

Hitschler, Walter, Dr.
Mitglied des Bundestags; wohnungspolitischer Sprecher der FDP-Bundestagsfraktion; Obmann im Ausschuß für Raumordnung, Bauwesen und Städtebau; Vorsitzender der Arbeitsgruppen Wohnungspolitik und Konversion; Mitglied des Arbeitskreises Wirtschafts-, Finanz- und Agrarpolitik und des Arbeitskreises Innen-, Rechts-, Umwelt- und Sportpolitik.

Hübl, Lothar, Prof. Dr.
Studium Wirtschaftsingenieurwesen und Volkswirtschaftslehre; 1968 Promotion; 1972 Habilitation im Fach Volkswirtschaftslehre an der Universität Hannover. Seit 1981 Vorstandsmitglied Niedersächsisches Institut für Wirtschaftsforschung e.V., Hannover. Arbeitsgebiete: Konjunktur- und Strukturpolitik, Branchen- und Regionalentwicklungen, Demographie und ökonomische Entwicklung, Wohnungsmarkt.

Lang, Karl, Dr.
Stadtrat und Fraktionsvorsitzender der CDU im Gemeinderat der Stadt Kornwestheim, Mitglied des Landtags von Baden-Württemberg; Vorsitzender und Geschäftsführer des Landesverbands Württembergischer Haus- und Grundeigentümer e.V. in Stuttgart, Vizepräsident des Zentralverbands der Deutschen Haus-, Wohnungs- und Grundeigentümer e.V. in Düsseldorf.

von Monschaw, Bernd
Leiter der volkswirtschaftlichen Abteilung der Wüstenrot Holding GmbH, Ludwigsburg; Mitglied des Vorstands des Deutschen Verbands für Wohnungswesen, Städtebau und Raumordnung e.V., Bonn; Mitglied des Vorstands der Gesellschaft für Wohnungsrecht und Wohnungswirtschaft Köln e.V.

Schäfer, Otto, Dr.
Sprecher der Geschäftsführungen der Wüstenrot Holding GmbH und der Bausparkasse Gemeinschaft der Freunde Wüstenrot gGmbH; nimmt verschiedene Aufsichtsratsmandate wahr und hat seit 1986 den Vorsitz innerhalb des Vorstands des Verbands der Privaten Bausparkassen e.V. in Bonn inne; seit September 1991 Präsident der Europäischen Bausparkassenvereinigung.

AUTORENVERZEICHNIS

Schlich, Helmut
Studium der Betriebswirtschaftslehre. Seit 1962 Bundesgeschäftsführer (Direktor) des Deutschen Mieterbunds; Mitglied des Verbandrats des Deutschen Verbands für Wohnungswesen und Städtebau; Mitglied des Vorstands der Arbeitsgemeinschaft der Verbraucher (AGV) Bonn.

Schneider, Hans-K., Prof. Dr.
Studium an den Universitäten Köln, München, Marburg; 1948 Promotion an der Wirtschafts- und Sozialwissenschaftlichen Fakultät der Universität zu Köln; 1958 Habilitation an der Universität zu Köln; 1963 bis 1970 Ordinarius für Volkswirtschaftslehre an der Universität Münster; 1970 bis 1985 Präsident des Rheinisch-Westfälischen Instituts für Wirtschaftsforschung, Essen. Seit 1968 Mitglied des Wissenschaftlichen Beirats des Bundeswirtschaftsministeriums (1976 bis 1980 Vorsitzender). Seit 1982 Mitglied des Sachverständigenrats zur Begutachtung der gesamtwirtschaftlichen Entwicklung (seit 1985 Vorsitzender); Mitglied von Sachverständigenkommissionen des Deutschen Bundestags, der Bundesregierung und von Landesregierungen.

Vogel, Dieter, Dr.
Studium der Rechtswissenschaften; 1960 bis 1962 Gerichtsreferendar; 1965 bis 1977 Referent im Innenministerium; 1977 bis 1980 Abteilungsleiter im Staatsministerium; 1980 bis 1983 Ministerialdirektor bei der Landesvertretung Baden-Württemberg in Bonn; seit 1984 Ministerialdirektor im Innenministerium Baden-Württemberg.

Wocher, Christoph, Dr.
Studium der Rechtswissenschaften; leitende Positionen im Bankenbereich; von 1965 bis 1989 Geschäftsführer der Bausparkasse Gemeinschaft der Freunde Wüstenrot gGmbH, seit 1978 auch der Wüstenrot Holding GmbH und von 1986 bis 1989 Sprecher der Geschäftsführungen beider Gesellschaften. Seit 1990 Geschäftsführendes Vorstandsmitglied der Wüstenrot Stiftung Deutscher Eigenheimverein e.V.